新时代高校思想政治教育发展研究

毕于建　赵　敏◎著

中国纺织出版社有限公司

内 容 提 要

本书以思想政治教育为主，阐述了新时代背景下高校思想政治教育的发展。首先，讲述了新时代下思想政治教育的科学内涵以及价值目标；其次，以创新为切入点来讲述新时代思想政治教育的创新思路；再次，以互联网为基础讲述了思想政治教育在互联网时代下的现状，有什么问题，又该如何解决；最后，从教师与学生两个角度出发讲述高校如何利用思想政治教育来培养人才以及结合中国传统文化来创新高校思想政治教育。

图书在版编目（CIP）数据

新时代高校思想政治教育发展研究 / 毕于建，赵敏著 . -- 北京：中国纺织出版社有限公司，2023.5
ISBN 978-7-5229-0614-0

Ⅰ.①新… Ⅱ.①毕…②赵… Ⅲ.①高等学校－思想政治教育－研究－中国 Ⅳ.① G641

中国国家版本馆 CIP 数据核字（2023）第 091718 号

责任编辑：张 宏 责任校对：高 涵 责任印制：储志伟

中国纺织出版社有限公司出版发行
地址：北京市朝阳区百子湾东里 A407 号楼 邮政编码：100124
销售电话：010-67004422 传真：010-87155801
http://www.c-textilep.com
中国纺织出版社天猫旗舰店
官方微博 http://weibo.com/2119887771
北京虎彩文化传播有限公司印刷 各地新华书店经销
2023 年 5 月第 1 版第 1 次印刷
开本：787×1092 1/16 印张：9.75
字数：173 千字 定价：98.00 元

前言

随着中国特色社会主义进入新时代，高校思想政治教育也迈向了新的历史征程。随着当前高校思想政治教育实践的不断深化，对理论的创新发展提出新的要求，如何用习近平新时代中国特色社会主义思想铸魂育人，推动新时代高校思想政治教育增强创新性、注重科学性、体现有效性，深化对高校思想政治教育的关键问题的认识，是摆在高校思想政治教育工作者面前的一项重要而紧迫的任务。

思想政治教育是以人的思想为对象的教育活动，它帮助人解放思想，进而用解放了的思想指导活动。它的目的在于唤醒人们内在沉睡的思想，激发其奋发向前的精神力量，从而使其获得正确且明确的方向，奋勇前行。人类社会不但普遍存在思想政治教育，而且等待着思想政治教育。如今高校思想政治教育存在实施体弱化、对象趋势化以及缺乏全员意识的状况，甚至一些高校思想政治教育工作者不愿直面自己的职业，缺乏工作热情和奉献精神，影响思想政治教育的效果。鉴于这一目的，笔者撰写了本书。

本书共有五章，第一章是新时代高校思想政治教育的科学内涵，分别从新时代高校思想政治教育的科学内涵与特征、新时代高校思想政治教育的目标与地位以及新时代高校思想政治教育创新的必要性三方面进行论述；第二章是新时代高校思想政治教育的创新理路，分别从新时代高校思想政治教育的崭新平台、新时代高校思想政治教育的骨干力量以及新时代高校思想政治教育的重要载体三方面进行论述；第三章是"互联网+"视域下的高校思想政治教育，分别从"互联网+"视域下高校思想政治教育创新的内涵与意义、"互联网+"视域下高校思想政治教育的现实困境以及"互联网+"视域下高校思想政治教育的有效策略三方面进行论述；第四章是新时代高校思想政治教育的内容与方法创新，分别从新时代高校思想政治教育的内容创新和新时代高校思想政治教育的方法创新两方面进行论述；第五章是高校思想政治理论课教学模式的改革与创新，分别从高校思想政治教学之微课模式、高校思想政治教学之慕课模式以及高校思想政治教学之直播互动教学模式三方面进行论述。

　　本书理论性较强，但也不失趣味性，在具体的思政教育基本原理和论述中显示出一定的专业性，例证贴切，通俗易懂。重大知识点都论证得详细深入，并力求结合具体的图像资料或作品实例来说明，使学习者在了解理论知识的同时有据可查、有例可行。

　　全书在撰写过程中参考查阅了大量论文、期刊、著作和文献资料，吸收了国内许多专业人士的宝贵经验和建议，在此深表谢意。本书在写作过程中，虽然在理论性和综合性方面下了很大的功夫，但是由于作者知识水平有限，难免存在疏漏和错误之处。对此，希望各位专家学者和广大的读者能够予以谅解，并提出宝贵意见，作者当尽力完善。

作 者

2022 年 11 月

目录

第一章

新时代高校思想政治教育的科学内涵

思想政治教育应该说是古已有之，而思想政治教育这一概念的提出则有一个历史过程，它的产生和发展经历了一个实践与认识相结合的发展历程，在不同历史时期有不同的提法、不同的解说。探讨思想政治教育的科学内涵对我们明晰思想政治教育概念、推动思想政治教育学科的纵深发展等具有积极意义。

第一节　新时代高校思想政治教育的科学内涵与特征

一、高校思想政治教育的科学内涵

（一）思想政治教育的界定

思想政治教育的定义在不同的教科书版本里有着不同的阐述。

1991 年，当时的国家教委思想政治工作司组编的《思想政治教育学原理》提出："思想政治教育是一定的阶级或政治集团，为实现一定的政治目标，有目的地对人们施加意识形态的影响，以期转变人们的思想，进而指导人们行动的社会行为……马克思主义的思想政治教育，是工人阶级政党及其领导下的革命组织以社会主义、共产主义思想体系教育人民，启发人们社会主义和共产主义觉悟，提高人们认识世界和改造世界的能力，动员人们为实现当前和长远的革命目标而奋斗的实践活动。它解决人们的政治立场、政治观点、政治行为问题，也解决人们的世界观、人生观、道德观问题。"

2001 年出版的《面向 21 世纪课程教材·思想政治教育学原理》则提出了思想政治教育是"思想、道德和心理综合教育实践"的观点："思想政治教育就是一定阶级或政治集团，为了实现其政治目标和任务而进行的，以政治思想教育为核心与重点的思想、道德和心理综合教育实践……马克思主义的思想政治教育……是为了保证党和中华民族奋斗目标的实现，宣传和传播社会主义和共产主义思想体系，引导人们的政治态度，解决各类思想问题，提高思想、道德和心理素质，完善人格和调动积极性为根本任务，对人们进行以政治思想教育为核心与重点的思想教育、道德教育和心理教育的综合教育实践。"

2001 年，由人民出版社出版的《现代思想政治教育学》提出："思想政治教育是一定的阶级、政党、社会群体用一定的思想观念、政治观点、道德规范，对其成员施加有目的、有计划、有组织的影响，使他们形成一定社会、一定阶级所需要的思想品德的社会实践活动。"

可见，以上这些关于"思想政治教育"的定义大同小异，都认同这样几个关键词：由一定的阶级和集团执行；施加一定的意识形态或者思想、政治、道德观念；有目的的实践活动。

所以思想政治教育的定义可以概括为思想政治教育就是一定的阶级和集团，运用一定的意识形态及其思想、政治、道德观念对人们施加有目的、有计划的影响，使之形成符合本阶级和社会需要的思想品德的实践活动。

如果采用比较简洁的、大众化的方式来概括，也可以说党的思想政治教育就是推动社会主义意识形态在人民群众中传播和运用的社会实践活动。

研究和界定思想政治教育的准确概念具有重要意义。把这一概念研究、界定清楚，就能够防止那种变相的淡化思想政治教育和泛化思想政治教育内涵的倾向，更加有利于坚守思想政治教育的阵地。

（二）开展高校思想政治教育的意义和挑战

爱国主义、集体主义和社会主义教育是高等学校对大学生进行思想政治教育的基本内容，教育的程度如何，直接影响大学生政治信念的树立，影响大学生的成长成才。在经济全球化的国际背景下，在我国实行市场经济体制，全面建成小康社会，构建和谐社会的环境中，高等学校如何有效地进行爱国主义、集体主义和社会主义教育，培养社会主义现代化事业的合格建设者和可靠接班人，既是一项艰巨的历史任务，又是一项重要的现实课题。

思想政治教育具有促进大学生道德提升、思想进步的作用，有利于大学生的全面发展。大学生思想政治教育在内容上很好地体现了与时俱进的特点，新时期大学生思想政治教育的主要目标就是实现人的全面和健康发展，以达到人的全面和谐，这与和谐校园的本质是完全一致的。

随着世界全球化的发展，"全球伦理""全球文化""人类之爱"等口号或者论点陆续被提出来。这些口号或者论点的提出必然产生诸如人类之爱与爱国主义的冲突、传统文化与全球文化的冲突等矛盾。大学生希望能够回答全球化时代的重大问题，这就要求他们必须采取"全球化思维方法"，这无疑对新时期的爱国主义、集体主义和社会主义教育提出了挑战。

二、高校思想政治教育的特征

高校思想政治教育的特征是从思想政治教育的本质之中演绎出来的。社会主义国家是人民当家作主的国度，是迄今为止人类历史上最先进的现实社会制度的载体。因此，社会主义国家的思想政治教育也应该代表人类最先进的思想文化成果追求。不断把最先进的思想、世界观传递和注入到下一代人的头脑中，这是情理之中的事情。深刻认识思想政治教育的诸个特征，是做好意识形态和科学世界观"灌输"工作的前提。

高校思想政治教育的特征主要有以下两个方面。

（一）思想政治教育的导向性

社会主义社会的思想政治教育的本质是"坚持主流意识形态的主导和灌输"，这个定义本身就决定了思想政治教育具有导向性的特征。党的思想政治教育的导向性要求：必须把坚定正确的政治方向放在首位，做到是非分明、立场坚定、敢于斗争，坚持社会主义的主旋律，善于引领各种思想倾向和社会思潮，牢牢掌握意识形态工作的领导权、管理权、话语权。思想政治教育要始终绷紧导向这根弦，讲导向不含糊，抓导向不放松。

坚持中国特色社会主义道路和共同理想。中国特色社会主义道路和共同理想是共产主义远大理想在当代现实中的体现。以习近平同志为核心的党中央始终强调树立坚定的社会主义和共产主义的理想信念。共同的社会主义理想信念是团结全国人民的思想基础和政治基础。

（二）思想政治教育的渗透性

现代思想政治教育的实践证明，具有渗透性的方法是最有效的方法，不宣布教育的教育往往是最有效的教育。成功的思想政治教育往往看起来就像是从未进行过一样，最好的思想政治教育是引而不发，充分尊重受教育者的意愿。思想政治教育的渗透性，就是像春雨一样，"随风潜入夜，润物细无声"，就是使教育的渠道丰富多样，细致入微。

渗透就是结合相关的过程和因素一起起作用，体现教育渠道的多样性和细微性。根据世界卫生组织建议，一般人体每日需要食盐的合理摄入量为6~8克，但是人体所需要的这6~8克食盐怎么吃下去却是值得研究的。如果要求把这些重量的食盐一口吞下去，虽然在理论上讲并不过分，但这是每一个人都难以接受的；如果把这些食盐炒在菜里、做在汤里、包在馅里吃下去，那么人们就不知不觉地完成了食盐摄入量，体会的只是一种恰到好处的鲜美味道，不会感到有任何压力。其实，思想政治教育也是同样的道理，只有结合其他社会工作一起进行才能取得好的效果。这就是思想政治教育的渗透性的特征。

1. 思想政治教育渗透到业务工作中

思想政治教育渗透到业务工作中，就是思想政治教育工作要结合业务工作来进行。换句话说就是在业务工作中渗透思想政治教育。

首先，业务工作需要思想政治教育的指导和支持。结合业务工作进行思想政治教育，就会形成良好的互动和配合，取得较好的效果。20世纪50年代初，清华大学测量专业的本科同学中有少数人曾经产生了不愿意学测量专业的思想情绪，认为测量专业又苦又累，没有前途。作为学校先进集体的"测专42班"的同学就联合"测专41班"的同学创作了一首诗篇，歌颂自己的专业，表达同学们的崇高理想。诗篇说："我们踏遍祖国的山河，我们抚摸着祖国的土地，从经纬仪的接目镜中，我们看见了祖国无限宽阔的前途；从钢尺的数据中，我们量出了祖国前进的脚步；在我们安放过测量三脚架的地方，将要出现水力发电站，巨大的拖拉机厂，更多的官厅和鞍钢。"这首诗获得清华大学1954年征文比赛一等奖。这样的思想政治教育既促进了专业的学习，又端正了专业的思想，振奋了精神。再如，在20世纪50年代，清华大学水利系100多名师生受北京市委委托，担负起北京密云水库建设的设计任务。为了解除北京地区潮河和白河对北京的威胁，解决好北京的水源供应，水利系的师生发扬集体主义精神，"真刀真枪搞设计"，集体协作克服困难，促进了学习技术和设计难题的解决，圆满完成了设计任务。密云水库的设计是成功的，而且经受住了1976年唐山大地震的考验。当年清华大学有228项设计被有关部门鉴定为优秀设计。在思想政治教育渗透到业务中去做的方面，更加典型的是工程物理系。该系于1956年设立，1958年受国家委托开始搞屏蔽实验反应堆。这项工程需要完成17种工艺系统，十几个专业新技术，突破37项关键技术，自行研制67种专用仪器。工程物理系以解放思想、破除迷信、自力更生的思想鼓舞师生，决心用自己的双手开创中国原子能事业的春天。师生运用辩证唯物主义的观点，按照"尖端分解为一般、一般综合成尖端"的战术原则，把复杂的反应堆分解成几十个环节，急国家所急，寻难而进，终于在 1964 年国庆节前将反应堆成功建成。

其次，有些文化教育的业务工作中本身就存在着"以什么样的意识形态指导"的问题。在这些领域就更加应该做到思想政治教育与业务工作相结合，即把思想政治教育渗透到业务工作中。在高校或国家社会科学研究机构中，都存在这样的问题。新时期高校恢复建立的社会学、法学、心理学、经济学、管理学等学科，由于种种原因，还没有形成具有社会主义意识形态指导的、成熟的学术体系和教学体系。有的甚至在实际教学和研究中基本照搬西方资产阶级的意识形态内容。做好这些学科领域的清理工作，建立符合社会主义大学性质要求的学科体系和教学体系，是目前相当突出的任务。否则，我们一方面在反对资产阶级自由化，另一方面又运用夹杂着或充满着资产阶级意识形态的教科书去培养年轻一代知识分子，这就陷入了与风车搏斗的堂吉诃德式的怪圈。为了改变这种状况，就需要在这些领域中开展思想政治教育工作，确立社会主义的意识形态的指导地位，指导这些学科的专业方向，培养社会主义事业的建设者和接班人。

2. 思想政治教育渗透到社会交往活动中

思想政治教育要向社会交往领域渗透，要向这些相关的交往人群渗透。由于人们的社会交往是自主进行的，交往对象也是自己选择的，因此这种社会交往中获得的信息和参考，具有真实性、可信性和参照性。这种社会交往对人们的影响就较为突出。思想政治教育渗入这个领域，无疑是发挥作用的捷径。

党的十八大做出了代际交流的榜样，促进各个层次的人群的交往和理解，使人们有了新的希望和目标。中国梦的提出，承认个人合理的梦与中国梦的统一，但是，个人梦和中国梦的统一需要思想政治教育的从业者关心和研究人们社会交往的状况和特点，及时开展思想政治教育，尽自己的责任和义务，不断促进社会交流在健康和公正的轨道上取得进展。

3. 思想政治教育渗透到日常生活中

在日常生活领域做好思想政治教育工作，对人的影响是最大的。清华大学蒋南翔校长在这方面就是一个典范。在 20 世纪 50 年代，当他了解到一些被打成右派的学生情绪低落的时候，就找这些学生谈话，他说："党对青年学生是关怀、热爱的，母亲打了自己的孩子，自己也是心疼的，还是望子成龙，学校希望团结 100%。"这对于化消极因素为积极因素，调动知识分子的积极性，起到了不可估量的作用。当蒋南翔校长了解到有些高干子女有"优越感"，对自己要求不够严格时，就召集他们开座谈会，教育他们懂得"革命不能遗传，接班不是接官，我们不能做八旗子弟"。为此，他还建议校团委组织高干子女学生到农村访贫问苦，使这些学生深受教育。这些日常生活中的问题的及时解决，使思想政治教育具有更大的魅力。

第二节　新时代高校思想政治教育的目标与地位

一、高校思想政治教育的目标

大学生思想政治教育的目标是高等学校人才培养目标的有机组成部分，是大学教育对学生提出的有关思想政治素质、道德品质等方面的要求。这种要求是社会、国家、学生个体对教育的客观反映。在大学生思想政治教育中，它处于核心地位。思想政治教育目标是社会发展中一个根本性、方向性的问题，它为民族的振兴和发展、国家的长治久安提供精神保证。为实现这一总目标，我国围绕思想、政治、道德、法纪、心理等内容展开。

新中国成立以来，党和国家在不同的历史时期，根据不同的历史条件和学生的思想实际，围绕"共产主义理想教育"和"党的路线、方针及政策教育"为中心进行，并提出过不同的思想政治教育目标。通过比较研究我国不同历史时期思想政治教育的目标，我们认为我国大学总体目标是教育学生热爱社会主义祖国、拥护党的领导和党的基本路线，确立献身于中国特色社会主义事业的政治方向，具有坚定正确的政治观；努力学习马克思主义，逐步树立科学的世界观、人生观、价值观；努力为人民服务，具有艰苦奋斗精神和强烈的使命感和责任感；遵纪守法，具有良好的道德品质和健康的心理素质，勤奋学习，勇于探索，努力掌握现代科学文化知识，使之成为具有高尚人格、高素质的人才。一句话，把大学生培养成为中国特色社会主义事业的合格建设者和可靠接班人。

二、高校思想政治教育的地位

（一）维护社会安定团结的前沿阵地

这是关于思想政治教育地位的最直接、最现实的表达。从事思想政治教育的人员首先必须有这种"阵地意识"，才能有足够的工作自觉性。

一切阶级的政治行为首先都要做意识形态的工作，一切影响社会稳定的政治风向首先在这一领域崭露头角。因此，思想政治教育具有前沿阵地的性质。

这种"阵地意识"可以从几个方面认识。

第一，抵制西方敌对势力西化、分化的前沿阵地。在全球化浪潮的大背景下，西方敌对势力的西化、分化、渗透常常借助互联网等先进的信息传播方式，从思想领域开始，制造和推动各种危害社会主义国家的社会思潮。长期以来，西方不断散布的思潮有民主社会主义思潮、历史虚无主义思潮、民族虚无主义思潮、普世价值的思潮、新自由主义思潮、宪政民主思潮、个人主义思潮，严重地冲击了社会主义主旋律的教育，影响了社会的安定团结。

第二，维护安定团结的前沿阵地。没有一个安定团结的社会环境就没有社会主义的现代化建设，就没有国家的进步和发展。思想政治教育战线必须及时地、针锋相对地做好工作，识破敌对势力的阴谋，维持社会的安定团结。从这个角度说，思想政治教育就是前沿阵地。

第三，沟通信息，疏导社会矛盾，缓解和化解群体性利益冲突的前沿阵地。思想政治教育是参与缓解和化解群体性冲突的重要方面。通过及时地了解情况，沟通信息，上情下达，下情上达，使得矛盾和冲突得到解决，展示思想政治教育特殊的优势。因此，思想政治教育也是化解利益冲突的前沿阵地。

第四，掌握舆情的前沿阵地。经过深入调查研究，及时把握社会的舆情和思想动向，做出分析和预测，提供决策参考，这是思想政治教育题中的应有之义。经常开展大学生思想状况调查等调研活动，针对青年大学生现实状况的许多研究分析，都是为了及时和如实地掌握最敏感的社会群体的舆情，做出对应的疏导举措。这也可以视为思想领域的前沿阵地。

（二）传递社会主义意识形态的主要渠道

从本质上说，思想政治教育就是灌输统治阶级的意识形态。在社会主义社会，思想政治教育的本质就是向干部、青年和广大群众灌输社会主义意识形态。思想政治教育战线就是传递和灌输社会主义意识形态的主渠道。

第一，思想政治教育工作队伍是引导先进文化的主力军。在现代，先进的文化就是在人类历史上推动社会发展的科学文化。思想政治教育的使命就是在纷繁复杂的文化生活中，主导和引领先进文化的主旋律，使科学、健康、进步的文化占据主导地位，影响人们的生活，形成向上的社会氛围。

第二，思想政治教育队伍担负着传播马克思主义基本理论、传播马克思主义发展的最新成果的光荣使命。思想政治教育就是要把人们在社会实践中取得的那些不够系统、不够深刻、不够稳定的社会意识，经过教育提升到理性的高度。不断传播马克思主义的先进思想并坚持下去是思想政治教育的光荣任务。从一定的意义上说，思想政治教育可以用一句话把自己的目的概括出来，那就是传播和发展马克思主义。

第三，坚持科学的世界观、人生价值观导向。世界观和人生价值观是一个社会的灵魂。树立科学的辩证唯物主义和历史唯物主义的科学世界观，在这一世界观的指导下树立社会主义的人生价值观，这是社会主义"四有新人"的思想条件。这种最基本的世界观和方法论的修养，是人们研究问题、观察世界的基本功底。思想政治教育的首要内容就是这一条。人们掌握了科学的世界观和人生价值观，就能够明确社会发展的方向，懂得历史发展的大趋势，就能够转化为改造社会和自然的无穷的物质力量。思想政治教育首先就是要传播马克思主义的科学世界观和人生价值观，启动人民群众的历史主动性和创造精神。

第四，坚持和评价社会主义道德建设的基本原则。社会主义道德体系是社会主义经济基础的反映，是社会主义精神文明建设的重要内容。社会主义道德建设不仅靠社会主义法制来保证，而且靠集体主义原则来指导，还要靠思想政治教育启动的道德评价来监督和推动。通过道德评价分清是非善恶，就能够坚持集体主义的主旋律，坚持社会主义荣辱观的基本标准和界限，就能够不断推动适应社会主义市场经济的道德体系逐步建立和完善。

（三）经济工作和一切工作的生命线

思想政治教育工作是经济工作和其他一切工作的生命线，这是我们党一贯的主张和观点。

思想政治教育是经济工作和其他一切工作的生命线，主要是因为以下几个要素：

第一，思想政治教育为经济建设提供正确的政治方向。坚持四项基本原则，在生产关系领域坚持社会主义的主导，保持公有制的主导地位，劳动者的平等地位，共同富裕的目的实现，保证社会主义的生产达到富国富民的目的，防止经济领域的变质和劳动人民的劳动果实被攫取。

第二，思想政治教育为经济建设提供强大的精神动力。劳动者是生产力中最活跃的因素。做好经济工作，发展生产力，首先就要调动广大劳动者的生产积极性。思想政治教育工作一旦起到了实效，就能够振奋精神，协调公平与效益的关系，调动劳动者的生产、工作积极性，促进经济的发展。

第三，思想政治教育能够防止市场经济带来的浮躁情绪，保持社会的健康发展氛围。尽管我们今天生活在市场经济的条件下，但这并不意味着人人都要做生意，更不意味着一切都要用金钱来计量。思想政治教育工作能够纠正市场经济发展中的两种负面影响，一是社会评价系统方面不能运用投入产出的市场价值体系评价思想政治工作；二是思想政治工作者不能待价而沽、锱铢必较。前者主要是社会和政府决策部门的立场态度问题；后者是思想政治工作者的人生价值观问题。思想政治工作是不能用商业经营或投入产出那样的价值体系进行计算的。它的价值是渗透于社会深处，从根本上保证社会正常发展。

（四）社会主义精神文明建设的基础工程

社会主义精神文明建设是社会主义现代化的一个重要方面。思想政治教育所达到的目的和承载的内容，恰恰是精神文明中最基本的部分。

第一，用共同的理想凝聚人心。思想政治教育首先强调社会主义、共产主义的理想信念教育。社会理想对于国家和政党来说，涉及其前途命运；对于个人来说，涉及为之提供人生的方向和动力。在社会主义新时期，建设中国特色社会主义就是全民族的共同理想。思想政治教育要培养的目标就是"四有新人"，而"四有新人"的第一条就是"有理想"。这个理想代表现阶段中国人民的共同利益所在，也体现着共产主义远大理想在现阶段的要求。抓好理想信念教育，就能够使得人民群众信心百倍、自强不息地为社会主义事业而奋斗；就能够使得执政党坚持正确的方向，居安思危，防止出现亡党亡国的悲剧，进而取得建设和改革事业的新进展。

第二，用民族复兴的事业激励人心。思想政治教育十分强调进行历史教育和爱国主义教育。中国近代以来160多年的历史证明，只有社会主义才能救中国，只有共产党才能救中国。中国人民在中国共产党的领导下，取得了民族解放和民族独立，建立了新中国，建立了社会主义基本制度，通过改革开放找到了中国特色社会主义道路。根据党的战略目标，到21世纪中叶，我国就能够实现社会主义现代化，以更新的姿态屹立于世界民族之林。这一民族振兴的历史和现实不断激发着中国人民的爱国主义精神，推进着社会主义现代化事业的进展。思想政治教育就是要用近现代革命史教育激发爱国主义，运用历史发展的大趋势促使人们奋发向上。这种凝聚人心、激发爱国主义精神的作用，正是社会主义精神文明的重要内容。

第三，用发展的成就鼓舞人心。现实的教育是最有力的教育。社会主义建设不断取得的成就，对于激发人们的热情，坚定人们的信心，鼓舞人们的斗志，有着极大的作用。思想政治教育所进行的形势与政策教育和社会实践教育，就是引导人们在理论与实践的结合上认同现实社会主义优越性。思想政治教育采取摆成就、讲政策、破析疑难问题的方法，把人们的思想引向更深的理性层面。

第四，用良好的氛围稳定人心。思想政治教育坚持进行社会主义集体主义原则教育、道德教育和良好的社会风尚教育。这样就能够促进社会的科学发展，和谐发展，形成文明健康的生活方式，公平公道的法律秩序，共同富裕的分配结构，促进整个社会的长治久安。

（五）处理人民内部矛盾的得力杠杆

思想政治教育在新阶段又有了新的功能——就是成为妥善处理人民内部矛盾的得力杠杆。这既是社会主义现代化深入发展的必然，也是思想政治教育更加深入起作用的途径。从妥善处理人民内部矛盾的全局观点看，思想政治教育的地位更加突出。

第一，协调利益关系。现实生活中的利益关系多元化，各种利益的相互关系明朗化，正确协调利益关系，维护人民群众的正当利益，是党和行政工作的重点，也是思想政治教育的重点课题。运用正确的原则即集体主义原则为指导，说明人民的现实利益关系，体现公平公道，说明利益格局的现实合理性和未来的合理走向，就能够促使各种利益关系的协调发展。思想政治教育在协调利益关系中能够起到重要的作用。

第二，协调人际关系。这包括做好求同存异的工作，防止冲突的工作，加强沟通和理解的工作。人际关系实际上是一个社会关系的复合体，它包括了人们之间的政治关系、经济关系、思想文化关系。在社会发生急剧变革的时候，社会的人际关系也会发生新的调整和变化，甚至会出现矛盾和冲突。思想政治教育必须积极地协调关系，以正确的导向和时代的精神，以宽广的胸怀和谦和的气质，致力于化解矛盾，防止人际关系的冲突和不和谐。人心齐，泰山移。协调关系，凝聚人心，是思想政治教育的重要任务。

第三，调适心理平衡。思想政治教育的总任务就是从人们自发的、直接的、强烈感受的心理问题着手，把人们的思想意识引导提升到深层的理性思考。许多矛盾的出现主要是由于心理的不平衡。思想政治教育引导人们通过各种不同的人生经历，比较各种人生态度的成败得失，概括人生发展的规律，就能够使人眼界开阔，心胸宽广，增强自我心理平衡的能力。心理平衡，精神状态就好，就有利于工作和生产的积极性发挥，这样也就避免了许多不和谐现象的发生。

第四，配合政策调整。新时期的新阶段，许多改革的举措直接涉及人民群众的根本利益和处境。在新阶段，人民内部矛盾压力加大，必须运用政策杠杆进行疏导，同时也必须运用思想政治教育，有力配合。一方面思想政治教育要启发各级干部和决策者，任何改革举措的出台，必须首先考虑人民群众的承受能力，不能照搬西方的做法，也不能盲目决策；另一方面也要及时向人民群众提供信息，解读政策，平复情绪。比如，我国在转型改制的过程中曾经造成了大量工人下岗的现象。下岗工人在工作、生活和心理方面处于极端困难，成为社会的弱势群体。思想政治教育必须说明中国目前的弱势群体与西方国家的弱势群体的不同，在舆论上承认他们大多是社会变革中付出较多代价的人。他们的特点是与权力、金钱、热门行业无缘，没有职业、教育、社会联系、家庭等方面的任何优势，他们体现了"对改革的承受能力"的底线。因此努力创造一切机会解决他们的困难，理解他们的怀旧情绪，才能很好地配合政策的调整，渡过难关。

深刻理解思想政治教育在社会主义现代化全局中的地位，就能够制定和执行正确的工作战略，就能够促使思想政治教育在实践中产生无穷的魅力。

第三节　新时代高校思想政治教育创新的必要性

从中华人民共和国成立至今，高校思想政治教育工作开展一直受到党中央的高度关注和重视，时代不断发展变化，社会背景、价值趋向、个体追求也都在发生着极大的改变，大学生思想政治教育工作也在不断应对各种冲击的过程中得到推进和发展。学科水平逐步得到提升，专业队伍建设也越来越成规模，为建设中国特色社会主义事业输送德智体美全面发展的合格人才做出了努力，新时代来临，大学生及大学生思想政治教育的目标、任务都发生了变化，大学生思想政治教育有着新的机遇和挑战。

一、大学生的思想状况

当代大学生的思想状况、思维方式以及行为举止等均深深地烙上了时代的印记。一方面，互联网成为当代大学生社会交往、学习、生活的主要方式已是不容争辩的事实。由此而带来的各种积极的、消极的因素也在时刻影响着大学生的思想状况及行为举止；另一方面，新媒体时代信息传播迅速，大学生接收信息的途径多种多样，而缺乏足够辨别是非能力、不能正确树立价值观的大学生极易受到当今社会上各类信息的影响，从而左右个人的思想和行为。

（一）追求前卫

中国的农耕文明长达数千年，其中有 2000 多年长期处在相对稳定的封建制度下。

随着改革开放的不断推进，传统文化受到挑战的同时也经过了筛选，那些不符合时代要求的传统文化随着社会发展被淘汰，一些符合现代化社会要求的观念应运而生，从而形成了具有现代性的思想观念。在当前的时代背景下，大学生不耻于谈"赚钱"，在承认金钱的重要作用时，也不过分夸张它的价值；敢于冲破"三纲五常"等传统落后思想的束缚，建立平等、公正的人际关系；敢于表达自己的真实感受、发表个人的实际看法；强调个人价值；逐步树立了符合社会主义市场经济要求的思想，如主体意识、竞争意识、市场意识、环保意识、信息意识、创新意识等；可以用正确的态度看待竞争；从传统的"精打细算"的计划消费观转变为"能挣会花""多挣多花"的现代消费观。

当代大学生追求前卫，思想也比较前卫，而这与现代之间有密切联系。无论在哪个时代，大学生都是思想极其活跃的群体，他们对新鲜事物充满了热情，接受能力也很强，所以他们一直站在时代的前沿，具有更显著的时代特征。随着改革开放进程的推进，当代大学生必须接受大量的新知识、新理念，而这也是他们成为时代先锋的重要原因之一。他们特立独行，坚持自我，憎恶分明，积极进取；他们的思想不断创新、充满新意，紧跟时代潮流甚至率领潮流。虽然有很多人并不接受大学生的某些思想，认为他们过于"标新立异"，但从整体上来说，这个群体的思想是积极向上的。

（二）个性自由

当代的大学生，多是 20 世纪 90 年代中后期以及 21 世纪初出生的。他们这一代是个性张扬的一代，也是自由意识较为突出的一代，而新媒体拥有海量信息，大学生可以不受时空限制，根据自我喜好自由选择想要的信息。此外，大学生不仅是信息的输入者，而且是信息的输出者。在新媒体的虚拟平台上，他们自由参与信息的传播，收获了在现实世界中无法获得的言论自由表达机会，得到了在现实世界中所无法获得的所谓的"理解"与"信任"，促使他们十分依赖新媒体。特别是随着网络聊天及移动互联网通讯的普及，新媒体或显或隐地影响着当代大学生自由个性的形成与发展已是一个显著的现实。另外，由于对新媒体的依赖逐渐转变为信任，这更加刺激了当代大学生对自己自由个性的认可与追求，最终造成了当代大学生追求自由个性这样一个明显的思想状况。

（三）不能充分发挥能动性

大学生在树立自己的理想时，首先会接受一定的社会思想教育，这就导致他们自身的思想并不能完全摆脱"预制性"，并且大学生的知识水平、思维能力、心理状态等存在限制，也导致了他们的思想不能充分发挥能动性，社会价值导向和其他群体思想对他们思想的形成也有比较大的影响。虽然看起来当代大学生在思想方面很主动，可以自己做决定，但实际上很多决定也是一种被动选择。例如，现在有很多大学生选择报考村干部，或者选择去西部支教，还有一些学生选择回到家乡从事农业生产工作，表面上看这些行为是大学生主动选择的结果，但从某些角度来说这是迫于就业形势的一种被动选择，这是社会发展特定阶段的产物。

而与被动相关的就是从众。从众是指由于受到来自群体的影响和压力，个体放弃自己的观点而选择与大多数人持一致观点的行为。从众是一个十分常见的社会现象，在大学生的生活和学习中也时常发生这种情况。

在学习方面，虽然学生入校时的班级和宿舍是随机安排的，并没有按照学习成绩安排，但是经过一段时间以后就会发现，在不同的班级和宿舍之间会显示出各个方面的层次化，出现明显的"不同步"现象。就校内的优等生、英语过级、研究生录取等情况来说，通常都会集中在某些班级和宿舍中。

在消费方面，大学生之间的家庭条件存在较大差别，这就导致他们的消费水平有较大差距，但是一些大学生却无视自己的经济基础从众消费，和经济条件好的同学一起娱乐、出游等，这也是一种从众心理的表现。

在恋爱方面，校园恋爱的感染性很强，一个班级或宿舍内的恋爱一般呈现阶段性特征，一段时间内都是单身，而一段时间内很多人都处于热恋中，并且会有宿舍扎堆现象。

在择业方面，大学生在毕业择业时也会受到周围环境的影响，比如会有很多学生在环境的影响下考公务员。虽然考公务员的难度并不小，一些热门职位要几千人竞争一个岗位，但是仍然有很多大学生跃跃欲试。在这报考大军中，有很多学生都是出于从众心理选择考试的，而并不是因为通过充分的考虑、为自己的发展做打算才决定报考的。一些学生选择其他热门行业也可能出于这个原因。

在大学里还有作弊从众、入党从众等现象普遍存在。无论是在学校里还是社会中，很多人都有从众心理，这是个体适应社会生活的必要手段，大学生如果可以理性地从众，那么可以加强自身道德的社会化，但是盲目地从众则会导致大学生失去自我、缺乏创造力，过分的被动从众会导致他们陷入迷茫和无措，甚至由于过大的精神压力而经受挫折和失落。大学生应该尽可能地摆脱从众，学会坚持自我，通过独立的思想创造自己的精彩人生。

（四）思想矛盾性突出

在意识形态多元化的社会背景下，当代大学生的思想充满矛盾，具有鲜明的双重性，他们重视自身价值，但同时也重视社会价值；他们既从西方文化中吸收营养，又从中华文化中汲取精华。当代大学生面临着复杂的社会形势，他们在自我价值与社会价值、传统价值与西方价值的对立统一中，建立科学的现代思想；从整体上来看，大学生思想是科学的、积极的，但不可否认的是也存在一些不科学的、不积极的思想。

只有先进的价值观才会推动社会向前发展。改革开放以来，人们的价值观颠覆了传统，逐渐出现了效益、平等、创新等新观念，这些观念符合时代要求、积极向上，这些思想观念推动了我国社会主义现代化的建设。但无法避免的是，随着社会的进步，不仅出现了积极正确的思想观念，也出现了价值取向世俗化、功利化的拜金主义和享乐主义等消极、不科学的价值观。一些大学生有着物欲化倾向、粗俗化倾向的思想。物欲化是指大学生对物质过分崇拜，而忽略了自身的精神建设。在物欲化倾向下，我国传统文化中"富贵不能淫，贫贱不能移，威武不能屈""舍生取义"等优秀思想逐步弱化，一些大学生开始重利忘义，盲目地崇拜金钱和物质，这就导致精神成了物质的奴隶。过度地物欲化就会导致人们开始贪得无厌，认钱不认人，在是非面前无法做出正确判断，甚至会采取不正确的方法满足自己的物欲。随着物欲化倾向越来越严重，优秀的中华传统开始被青少年所忽视，他们盲目地追求金钱和物质，只对明星、时尚感兴趣，却忽略对自身道德品质的提升，成为虚有其表的空壳。粗俗化倾向则是指一些大学生的行为举止过分粗暴荒唐，言语过分粗俗。

大学生思想的双重性，一方面可以促进思想的科学化，另一方面也很容易产生矛盾性。矛盾性表现在很多方面。从生活层面来看，一些大学生强调自立、自强，但是又在很多事情上依赖父母和朋友；强调对个性化生活的追求，但实际上只是表面与众不同，实质上并没有发生变化。从职业的层面来看，大学生想要选择与所学专业对口的工作，但同时又希望工作可以符合自己的兴趣爱好；强调理想追求，却倾向于选择更为安稳的工作。从道德层面来说，大学生让自己树立强烈的爱国主义情怀、集体主义思想，并崇尚自强进取、诚信等；但是他们却没有深刻的理解社会行为规范，并且还有拜金主义、享乐主义和个人主义等倾向。很多大学生认定书本上的人生理论是正确的，但是那些都过于理想化，在现实中很难实现；对待别人时用集体主义作为标准，对待自己时用个人主义作为标准；他们反对自私自利，但是在对待自己时却转变态度，更重视个人利益；他们既存在着时代产生的思想，又存在着传统的民族思想。

由于大学生思想的矛盾性，使得他们很难在选择时做出决定，这是因为他们并没有清晰的价值取向，价值结构中的各种成分处于一种混乱无序的状态，甚至在面对价值选择时会呈现一种矛盾、不知所措的状态，也就不可能在面对选择时及时做出正确决策。因此，大学生在进行价值判断和选择时，会出现各种矛盾，既关心又冷漠，既充满希望又容易失落，既积极进取又茫然彷徨。

（五）价值观念趋于多元化

校园信息化在一定程度上处于一种时间空间无屏障的状态，信息的发布和运用较之以往更加自由，存在较大的不确定性和不可控性，一些腐朽落后乃至违背社会公德的信息大肆传播。由于大学生的价值观体系尚未完全成熟，缺乏理性判断能力，一旦有来自外界的消极信息的干扰乃至渗透，一部分大学生便容易出现主流价值观混乱、价值观主体自由化、理想信念倒退等问题，从而使高校思想政治教育的前期效果无功而返。大学正值人生观、价值观形成的关键时期，其思想的可塑性很强，信息来源的多元化，打破了传统媒体时代大多由老师、家长以及主导媒体的话语权威，形成了大学生价值选择的多元化特征。

1. 自我意识增强

改革开放后，尤其是随着社会主义市场经济体制的建立和完善，当代大学生的自我意识逐渐增强。对自我需要的尊重，对自我价值实现的关注与追求，对自我价值主体地位的确定等，成为当代大学生价值取向的重要因素。尽管从主流看，大学生并没有忘记自己是社会的主体，他们追求社会价值与自我价值的统一，个人与社会的统一，认同自己的发展与社会的繁荣富强是分不开的。但自我意识的增强，在少数人身上以自我为中心的倾向不可忽视。

2. 竞争意识和效益意识增强

当代大学生受市场经济的冲击，他们的生活中无处不体现着竞争二字。例如，学生会干部的评选、奖学金的评选、各种比赛的优胜者评选以及社会工作岗位的竞争。他们不"知足常乐"，不墨守成规，有充分的表现意识，展现自身价值，不断提升自身价值。

3. 民主法治意识增强

大学生崇尚民主、法治社会，并逐渐学会利用法律的武器来保卫自身的合法权利。他们希望国家的制度能够进一步完善，但又不希望自身的自由受到限制。民主意识的增强是当代大学生价值取向积极的表现，但也有少数学生不能处理好权利与义务、民主与法制的关系。另外，还应注意到当代大学生主流价值取向与社会主导价值观相背离的现象，不能回避这种现象带来的消极影响。主要表现在以下几个方面：

一是功利观念。一方面传统文化倡导青年人应该具有无私奉献的精神，重利轻义的道德风尚；另一方面，社会主义市场经济承认经济杠杆的作用，认同个人利益的合理地位，由此带来人们对功利的追逐，因而传统价值观受到功利主义的强烈碰撞。

二是信仰危机。当代大学生越来越关切现实和自身利益，他们在日常学习生活实践中，更加注重学科专业选择的实用性，注重今后的社会地位、爱情婚姻和生活质量。他们在理想和信仰的选择上，更多的是采取实用主义态度，就业时往高收入单位挤，一段时间，"孔雀东南飞"成为当代大学生择业时价值取向的集中表现。

三是诚信和爱心的缺失。诚信和爱心是生存之本，当代大学生在诚信和爱心方面的缺失也是令人担忧的。考试抄袭之风在校园蔓延，假文凭、假证书屡见不鲜，对同学、对社会的冷漠，这些问题暴露出他们价值取向出现了偏失。

四是责任意识淡薄。责任意识淡薄反映在部分大学生身上已经到了较为严重的地步，一些人我行我素，唯我独尊，今朝有酒今朝醉。在生活上，不珍惜父母的辛勤劳动，超现实消费，贪图享受，没有家庭责任，胸无大志，得过且过，不关心国家大事和社会的发展，没有社会责任；在个人感情问题上，不图天长地久，只图曾经拥有，缺乏自己对他人的道义责任等。

（六）追求功利

与原来的大学生相比，当代的大学生更追求现实。随着市场经济的不断发展，当代大学生加深了对我国现行的以公有制为主体的多种经济成分形式的认识，通过学习和环境熏陶，大学生强化了市场经济观念，越来越具有经济头脑，这方面的思想发生了本质转变，从注重理想和追求，转向为对现实和功利的追求，并希望通过适当的方式联系理想追求和现实功利。当代大学生追求美，希望获得更多财富，渴望成功；他们关心事业和家庭，关注经济和环境，关心现实社会中的具体实惠。例如，大学生在择偶方面可能会比较重视对方的经济状况等现实条件，甚至有一些大学生处于功利的考虑，将经济情况当作第一选择条件。在就业方面，很多大学生对公务员的工作并不是真的感兴趣，但是为了一份稳定的工作，报考国家公务员的大学生趋之若鹜，这实际上也是出于功利考虑。

当代大学生重视实效性和现实性，这可以说是时代的一种进步。当代大学生普遍崇拜金钱，希望可以过上富裕的生活，他们追求社会利益与个人利益的和谐统一，在满足社会繁荣、国家富裕提出的要求的同时，尽可能地追求个人利益，使自己可以更快地实现富裕。实际上，建立大学生正确的财富观，对于建设富强的中国具有十分重要的意义。大学生想富、敢富、敢先天下富、并达到共同致富的思想可以促进我国的繁荣富强。

但是从整体上来看，现代思想是一种物质主义取向的思想，很多大学生受到这种思想的影响，过分地追求物质财富，不择手段地满足自身欲望，这就导致他们的思想具有一定的庸俗性。一些大学生过分追求实用性，将是否对自己有利作为做事的唯一标准，忽视社会价值。例如，一些大学生在入党上表现得十分积极，但实际上这只是一种投机性政治热情，只是看到了入党对其今后择业和发展带来的益处；一些大学生参与各种社会公益活动，实际上并不是因为真的有公益心，而是单纯地为了增加自己的阅历。一些大学生过于追求物质享受，忽视精神建设。当代大学生在消费上求新逐异，追求时尚；认为金钱是他们努力生活的最重要目标；认为只有成为著名企业家或明星等才是获得成就；由于过于感性而无法正确地对待人生处境。一些大学生过于崇拜金钱，崇尚拜金主义，将自己的人生目标树立为尽可能地多赚钱，认为金钱是衡量人生价值的唯一标准；一些学生认为读书学习并没有实际意义，他们之所以上大学，只是为了将其作为谋取金钱和地位的跳板，所以他们认为上课还不如去搞副业多赚点钱；在择业上也只注重待遇如何；甚至一些大学生唯利是图，采取非法手段谋取钱财。

人对功利的追求是一种正常的心理现象，因为"人们奋斗所争取的一切都同他们的利益有关"。但是，人们不该只关注眼前的功利追求，而是要按照"应然"要求，不断地完善自我、超越自我，努力实现真理性价值。大学生对功利的过分追求会对未来发展造成不利影响，阻滞人的本质力量充分对象化。

（七）重视虚拟沟通

随着时代的发展，论坛、邮箱、QQ、微博、微信等新媒体形式成为当前大学生人际交往的主要手段和途径。在新媒体的虚拟媒体空间中，多方的交流往往是匿名的，因此便有效减少了其他社会或个体的干扰，对个人言论自由及隐私的保护起到了一定作用，在一定程度上打消了人们的思想顾虑，从而也有利于更好地传递思想交流情感。因此，网络成了大学生表达所思所想和倾诉自我心声的理想平台，他们渴望通过即时的交流来充分表达自己的意愿和想法，获得他人的认可和尊重，同时希望与思想政治教育者尤其是辅导员老师和学校管理层平等对话，解决自身面临的实际问题。因此，重视虚拟沟通已经是新媒体时代的一个现状。

（八）思想即时多变

即时性是指大学生思想容易受突发事件的影响而临时产生一些想法。这也体现了大学生容易冲动的特征。例如，一些大学生参与打群架只是一时冲动，在周围环境的影响下临时决定参与打架。

大学生具有强烈的好奇心，很容易被外界环境吸引并影响，从而使其思想呈现出多变性的特点，尤其是在当今这个多变的社会中更为明显。大学生心理处于不稳定的状态，所以对于同一事物、同一现象也会表现出不同的心理状态。大学生有时认为必须为实现远大的共产主义理想而奋斗，但是遇到挫折和失败后又会灰心丧气；有时想成为医生为医疗事业做贡献；有时想成为社会活动家研究社会科学。而社会上出现各种对服饰、歌曲和明星的追崇现象，也说明了这一点。

从实际上可以说，大学生思想的多变性很好地反映了现代社会，在当前的信息时代就更为明显。一方面，多变性的思想使大学生容易受到外界的各种扰乱而发生波动；另一方面，这也导致大学生的思想具有很强的可塑性，这为进行主导价值导向工作提供了便利条件。很多大学生都有崇拜的偶像，正确地树立崇拜目标可以促进他们的成长，但是没有理智的崇拜只会引起不好的后果，社会可以发挥自身的思想引导作用，指导大学生理性崇拜，吸取偶像身上健康积极的合理因素，进而使自己更为强大。一些"富二代"并没有树立正确的道德思想，但是在社会的正确引导下，他们可能悔过自新，建立起正确的道德思想，成为乐于奉献社会的人。

二、新时代高校思想政治教育的总体现状

（一）高校和大学生对思想政治教育的重要性认识不足

《中共中央国务院关于进一步加强和改进大学生思想政治教育的意见》指出"要高度重视大学生生活社区、学生公寓、网络虚拟群体等新型大学生组织的思想政治教育工作"。强调指出大学生是十分宝贵的人才资源，民族的希望、祖国的未来。为了贯彻该文件精

神，各地教育部门制定了相关实施办法。但作为"主渠道、主阵地、主课堂"的大学生思想政治教育却仍然存在一些认识上的误区。目前新媒体背景下，思想政治教育工作对此关注不够，研究不足，尚缺乏有效的引导。

1.高校没有实现思想政治教育在高校工作中的主体地位

（1）部分教育者自身没有意识到思想政治素质的重要性。作为社会主义国家，我国始终坚持马克思主义理论为指导思想，党和国家领导始终重视提高人民群众的思想政治素质。而作为"主渠道、主阵地、主课堂"的高校思想政治教育却仍然存在一些认识上的误区。很多高校教师并没有充分认识到进行高校思想政治教育工作的重要性，没有认识到提升高校思想政治素质的重要性，出现了"一手硬，一手软"的矛盾。在目前新媒体背景下，思想政治教育工作对此关注不够，研究不足，尚缺乏有效的引导。

高校的思想政治教育工作可以用"说起来重要，干起来次要，忙起来不要"来概括。"说起来重要""德育为先"是党和政府一直强调的，它经常出现在各种文件中，高校也确实通过文件的形式进行学习。但是"干起来次要"，是因为高校在实际工作过程中却不能够达到学以致用。

（2）部分教育者甚至开始质疑思想政治教育的地位。在社会主义建设过程中，思想政治教育具有很重要的作用。部分高校的教育者仍存在没能充分理解党相关思想政治教育理论的发展过程和重要地位，对进行思想政治工作并不抱有信心和激情，反而认为在市场经济背景下，思想政治教育工作会呈现逐渐衰落的趋势。若思想政治的教育者都不能理解思想政治教育工作的作用和内涵，便会对其在高校教学过程中占有的位置产生疑惑。

（3）部分教育者仅仅照本宣科地讲授思想政治，不重视思想政治教育的科学性、职业性。自改革开放以来，我国高校才将思想政治教育设立为专门的学科，其历史较短，在该学科的开展过程中出现的专业性问题一直没有得到统一结论。思想政治教育属于社会科学的范畴，其研究对象和涉及的领域都存在较多争论，甚至对其作为一门学科都存在着诸多质疑。

与世界上的发达国家相比，我国在社会科学建设方面仍处于落后阶段，思想政治教育这门新兴的学科更是缺少科学技术的支持，同样也缺少社会科学在该方面的研究成果，其发展过程势必会极为曲折。具体来说，我国的高校思想政治教育并未形成系统的认识，更谈不上职业性。高校思想政治教育具有一定的特殊性，其表现形式呈多样化，最终产生的效果也是无形的，无法科学地评价其教学，这也使得部分教育者不重视思想政治教育工作。

2. 高校教师对思想政治教育的理论研究不足

作为一个改革开放以来新兴的专业和学科体系，思想政治教育专业和学科建设长期以来没有找到科学性基础上的专业和学科定位，相反，却有其他学科的"大杂烩"之嫌。换言之，就是并没有基于思想政治教育工作的规律，找到融合相关学科理论和研究方法的内在逻辑。

由此造成的结果是，从事思想政治教育专业和学科建设的一些学者和高级研究人员（如硕士、博士研究生），既没有本专业和学科特色的研究深度，又不能扎实、深入地进行相关学科的学习和研究。甚至少数所谓思想政治教育专业和学科建设的工作者所做的很多研究，也不过是对一些国家方针政策和马克思主义基本原理的简单重复或空洞的说教，不接地气，缺乏说服力，严重影响了高校思想政治教育工作的公信度。还有一些学者和高级研究人员，看似从事的是思想政治教育研究，实际上只是专业性的马克思主义理论研究或其他相关学科的理论研究，很难对实际的思想政治教育工作发挥指导作用，甚至不能提供必要的理论支撑。

3. 大学生对思想政治教育的重要性认识存在误区

受教育者是思想政治教育的客体，是教育者灌输思想政治理论的对象。这个对象有其特殊性，对象是人，是有主观能动性的人。在教育过程中不应该是单纯被动地接受知识、单纯地被灌输知识，而应该是与教育者之间平等地对话，让思想政治教育的内容内化于受教育者的心中。然而，在现在的思想政治教育中，受教育者的作用十分有限，被忽视了。主要表现在如下几个方面。

（1）部分受教育者的学习态度不够端正。受教育者讨厌思想政治教育，部分大学生对政治漠不关心，这些问题产生的原因十分复杂，需要受到重视。其一，当代大学生大多数是独生子女，这一代大学生自我中心主义十分盛行，只追求个人享乐，深受拜金主义影响，对国家政治毫不关心。其二，这一代大学生出生于和平年代，他们没有经历过炮火的洗礼，没有体会过生活的艰辛，对为革命牺牲的先烈无法感同身受，缺乏政治体验，没有主人翁意识，政治观念淡薄。其三，改革开放的逐步深化，市场经济的扩大，都使得经济发展成为社会的主流，政治生活离普通民众越来越远。为了今后的生活，大学生们都忙于各种专业知识的学习，闲暇时间则被各种娱乐活动所占据，认为政治离自身很远。他们对于思想政治课的理解仅仅是拿了学分就好，听课是完全无用的，更不会在意学校各种带有政治意味的宣传海报。

受教育者厌烦和轻视思想政治教育课程。具体到高校生活中，对于高校的思想政治教育，一些学生认为虽然有意义、很重要，但远远比不上学习成绩，甚至参加学校活动的重要性，似乎离他们的现实要求尚远；随着网络的普及，还有学生受到网络功利化倾向的影响，认为思想政治教育是没必要的，认为思想政治教育就是钳制人的思想工具。产生这种情况的原因有：其一，单调的教育方式和单向灌输式教育方法，造成了学生的消极情绪。这种教育方法忽视了大学生的主观能动性，压抑了大学生的主观能动性和创造性，打击了他们的学习热情。其二，教育面对的是大学生群体，但这一群体又有着不同的兴趣爱好、不同的个性特点、不同的思维方式，而教育者所采取的"一刀切"的教育方式无疑使得受教育者对思想政治教育无丝毫兴趣。其三，前文提到的"思想政治教育无用论"在高校中充斥。部分高校的思想政治教育课程处于停滞状态，大学生们普遍重视自己专业课的学习而看轻思想政治教育，这种思想反映在学习中自然使得思想政治的地位愈加降低，学生们都将精力放在了专业课的学习上。

（2）受教育者存在的思想问题。一方面，当前青年大学生群体中仍存在着很多错误、消极的价值取向。个人主义、享乐主义等价值取向在青年大学生中有很大市场。一些青年大学生受不良社会风气影响，在学习生活中"利"字当先；还有的青年大学生不思进取，贪图享乐；更有些青年大学生将个人发展进步与国家民族的整体命运割裂甚至对立起来。就目前来看，极端主义思想在青年大学生中也蔓延开来，对大学生理性看待自身与社会的关系构成严重阻碍。有的大学生不能正确看待社会生活中一些问题的存在和自身的失败挫折，怨天尤人，滋生消极思想，抑或醉心于各种"潜规则"之中；有的大学生不能用历史的眼光看待国家民族的发展进步，并客观认识实现民族复兴任务的艰巨性，"言必称西方"，缺乏为国家民族发展进步贡献力量的决心和责任感；还有的大学生极端地认知行业和地区差距，产生族群和地域歧视思想。

另一方面，当前大学生群体中政治信仰危机问题也有愈加严重之势。一些大学生轻视甚至抵触接受马克思主义理论教育和思想政治教育，对待思想政治理论课程高呼"60分万岁"，甚至认为应当取消这些课程。有的大学生质疑甚至否定马克思主义理论的科学性，对坚持马克思主义世界观、方法论对自身学习生活的根本指导作用嗤之以鼻。

（二）高校思想政治教育存在简单化、机械化的不足

高校大学生思想政治教育工作中受教育者主体地位的缺失使人文关怀失去了施教的根基，受教育者自我需要的缺失使思想政治教育工作失去了人文关怀的回应机制，受教育者亲临接触的缺失使思想政治教育工作失去了人文关怀的场景支撑。大学生思想政治教育工

作中的人文关怀是高校落实科学发展观以人为本的体现，是发挥思想政治教育立德树人功能的必然，是大学教育更加开放与多元的要求。为此，要彰显大学生思想政治教育工作中的人文关怀，要注意塑造学生独立的人格，满足学生不同层次的需要，把人文关怀贯穿于大学教育的全过程，不断增强思想政治教育工作中人文关怀的实效性。

在高校思想政治教育的过程中，由于缺乏人文关怀，取而代之的是机械的、简单的教育方式，所以思想政治教育的实效性并不能令人满意。这样使得由于教育不当造成的高校思想政治教育"后天不足"的问题比较严重，致使部分学生的理想信念、道德素质、思想观念、法治信念、心理健康等方面存在不同程度的问题。要想促进大学生思想政治教育改善，当前首先要做的就是"推陈出新"，不失时机地进行思想政治教育模式的改革，坚持以人为本，注重人文情怀，关心大学生的个体成长，尊重大学生的主体性发展和个性发展。

"世界上最浩瀚的是海洋，比海洋更浩瀚的是天空，比天空更浩瀚的是人的心灵。"高校思想政治教育工作关乎民族兴旺发达，关乎青年一代理想信念，关乎社会繁荣稳定。在新媒体技术不断进步和迅速普及的当今社会，作为人类心灵工程师的高校教育工作者，更是责无旁贷，定当以国家兴旺发达为己任，以大学生的身心健康成长为己任，扬长避短，再接再厉，积极奉献，让美好的心灵绽放出绚丽多彩的理想之花。

（三）高校思想政治教育实际教学中重理论轻实践

1.教学内容局限在思想政治理论课中

高校所承担的思想政治教育主要体现在开设的思想政治理论课当中，按照《中共中央宣传部教育部关于进一步加强和改进高等学校思想政治理论课的意见》（以下简称《意见》）的实施方案，本科开设4门思想政治理论必修课，分别是"马克思主义基本原理""毛泽东思想、邓小平理论和'三个代表'重要思想概论""中国近现代史纲要""思想道德修养与法律基础"。

四门思想政治理论课分别承担着马克思主义理论教育的不同内容和任务，在正确教育引导学生成长成才中不同课程具有不同的侧重点。《意见》中规定全国所有高校不分本、专科都使用高等教育出版社出版的教材，这套教材的科学性、系统性、理论性较强，宏观引导我国思想政治教育的内容和方向。在具体实施过程中要针对各学校办学实际、学生思想实际和地方实际选择、调整和更新教学内容，用以增强教学的实效性。而在具体实施过程中很多思政教师照本宣科，没有将国家的人才培养目标和本校的人才培养目标有效结合，注重理论的讲授而忽略了能力的培养。

2. 思想政治理论课以课堂教学为主

思想政治理论课仍是以课堂教学为主，虽然改变了过去使用的"填鸭式"教学方法，突出学生的主体地位，但在实际教学中很多教师习惯使用灌输说教的方式，达不到预期想要的教学目标，使思想政治理论课教学仅仅是从理论到理论，从书本到书本，缺乏对实践的指导。只是让学生从书本中学习理论知识，而没有让学生从做中学，从实践中学习体会理论知识的精髓所在，这必然使思想政治理论课教学丧失说服力，从而致使很多学生对于知识的把握流于表面，不能付诸实践。而思想政治理论课是一门"知行合一"的课程，除了对于知识和理论的把握，更重要的就是实践能力的培养。还有很多学生对于老师这种喋喋不休的说教方式产生了逆反心理，感觉到了厌烦和抗拒，此时的说教不但没有起到教育的作用，甚至把学生推到网络世界中寻找心中的答案。面对当前大学生出现的新情况、新问题、新挑战，要做好学生的思想政治工作必须要深入研究大学生的思想状况，加强和改进思想政治工作的方式方法。新媒体为我们提供了这样一个平台，因而思政教师一定要根据学生和社会形势的变化探索教育的新途径、新方法。

3. 在教学环节上重视理论教学轻视实践教学

如何实现"走出去"，引导大学生走出校园、深入社会，使他们在实践的大课堂中了解国情、民意，正确把握社会现象、社会发展的本质和主流，推进社会实践活动与专业学习相结合、与服务社会相结合、与创新创业实践相结合的管理体制实行；如何实现"请进来"，从校外聘请专家、学者、企业管理人员和生产一线的工作人员，进入校园结合学生的专业和企业社会发展趋势进行专业教学或专题讲座，是一个复杂但值得探索的问题。

（四）高校思想政治教育的管理制度与队伍建设落后

1. 高校思想政治教育的管理与制度建设落后

学校管理是学校管理者通过一定的机构和制度采用不定期的手段和措施，带领和引导师生员工，充分利用校内外的资源和条件，整体优化学校教育工作，有效实现学校工作目标的组织活动。学校管理作为与思想政治教育相辅相成的一种教育手段，是大学生思想政治教育的重要途径。如果缺乏切合实际的、合理的管理制度，那么，大学生思想政治教育就会变得羸弱无力。

现阶段，高校对学生进行思想政治教育管理的部门设置比较简单，主要依托学生处、团委来完成。相比人员众多的专业教育人员，思想政治教育管理者人员十分匮乏，所以在处理一系列学生问题时就显得捉襟见肘。在这种情况下，高校思想政治教育者只能将本应该是非常有人性化的学生工作当成机械的"消防工作"，将自己的角色定位为"消防员"，整个教育过程就变成了单纯的"救火"和维稳，很难做到思想政治教育的人性化和个性化，很难做到从学生实际情况出发，将思想政治教育做得更有实效性。

另外，高校思想政治教育也需要良性的制度来规范。第一，现阶段高校还没能根据自己的实际情况制定出相关的规章制度，只是单纯地生搬硬套政府部门的制度规范，但是具体规定相关规章制度时，并没有充分地沟通；第二，规章制度的相关规定并不是基于学生的未来全面发展来考虑，而是基于更好地方便管理者的管理来制定，制度的内容更多的是处罚手段，显得过于机械和单调；第三，高校在制定规章制度的过程中机械地将国家在相关方面的规定进行照搬，自主性很差，没能做到"因校制宜"；第四，高校缺乏突发事件的早期预警机制，缺乏学生思想政治突发事件完备的应急预案。总之，正是因为制度和管理的缺位，最终没有真正形成提高学生思想政治教育的合力。

2. 思想政治教育的队伍建设还有待提高

思想政治教育学科具有强烈的阶级性、实践性和科学性，这些特点都对教育者的自身素质提出了更高的要求，要求不仅要具有专业的学科素质，还要具有良好的政治素质、思想素质和道德素质。开展高校思想政治的教育者包括兼职教师和专职教师，他们的素质水平各有不同，主要体现在如下几点：

（1）兼职教师没有受过专门的训练，但是在教师队伍中占有较大比重。

（2）大多数专职教师也不是专门学习思想政治教育的，多是其他专业的教师。

（3）思想政治教育的学科建设还并不完善，教育者的水平良莠不齐，缺乏高学历的专业人才。

（4）教育者的政治素养和道德素养难以达到较高的水平。考虑到思想政治教育学科的特殊性，需要教育者言传身教，因此对教育者提出的要求较高，不过部分教师并没有提升自我的有效途径。

（五）高校思想政治教育方法、内容、载体存在问题

增强思想政治教育的效果不仅可以通过学科建设，还可以通过利用更好的教育媒介、改进教学方法、改善教学内容等方面来实现。要想通过改善教育媒介来增强思想政治教育的效果，就要对它进行改造，可以从以下方面入手：

1.教学方法单一，教育成果评判标准死板

思想政治教育的课堂教学方法单一，传统的教学方法采取老师全堂讲授知识，灌输间接经验，即讲授法。老师讲，学生听，基本上没有互动。教学照本宣科，没有将理论与实际相结合，就很难帮助学生树立正确的人生观、价值观、世界观，更加难以解决学生在实际生活中遇到的实际问题。这就导致受教育者的厌烦情绪与日俱增，想要进行教育改革更是难上加难。老师希望进行互动性质的教学，但是学生已经习惯于被动接受，缺乏课堂上与老师互动的能力，甚至在课堂上不敢主动举手回答问题。这就造成在进行课堂互动时，没有一个学生回答问题，每个同学都害怕被叫起来，教师陷入尴尬的境地，受教育者和教育者没有任何默契，无法互动。而组织学生讨论，又受到课程时间限制，而且学生人数太多，教师无法掌握小组讨论的进程也就无法控制课程进度，最终导致讨论不能取得预期效果。专题讲座又往往与教材内容不匹配，教师难以操作，压力更大。而其他的教学方法，如演示法等又缺少相应的资源，思想政治课的老师资源更加稀少。这就导致教师和学生都发现传统的教学方法存在巨大的问题，但是又不知道如何改进。

大学生思想政治教育主要在于课堂教学，社会实践方面很少涉及，课外活动名存实亡。高校设置的实践教育环节很少，教育者不能组织受教育者深入社会进行社会实践，使理论与实践相结合，教育内容就很难深入到受教育者的心中。"寓教育于活动之中"是思想政治教育的优良传统。然而，高校却忽视了。社会实践活动的重要性，举办的活动也是流于形式，走过场或者过于格式化而失去生气，设立的目标很高但最后的效果却很差。参与者很少，教育者自身都会感到无趣、毫无激情。活动形式多年如一、过程僵化，连组织者都感到厌烦，更不用说调动积极性了。受教育者参加活动无异于赶鸭子般走程序，毫无兴趣，更谈不上什么收获，仅仅把参与活动当作必须完成的一项任务。高校组织的一些活动白白耗费了人力物力，却又给思想政治教育蒙上了一层"假大空"的阴影，与最初的举办目的完全相悖，更加剧了受教育者与教育者之间的紧张关系。

目前高校对思想政治教育课程的成果检验大多通过闭卷考试，以考试成绩作为评判标准，教学评价标准单一。这种考试的考试范围只能是空洞的概念和课本上的知识点，不能反映大学生的思想政治水平。这种评价方式一方面使教师由于教学评估的压力，教课时只讲授考试内容，考试评分时让学生高分通过；另一方面使学生平时上课时完全不听，临近考试时背背老师勾画的知识点就可以了，等到考试结束所有知识全部忘记。这些就造成了有些大学生虽然平时认真听了思想政治课程，但最后的考试成绩与完全不听课的同学差距并不大，可能还低于那些不听课的同学。这样一来大学生的真实水平难以通过一张试卷来反映，于是对这种评价方式产生怀疑。以考试方式进行思想政治教育评价，很大程度上

限制了思想政治课程的开展。

2. 内容缺乏针对性，更新速度落后于时代发展

传统的大学生思想政治教育与大学生思想实际不贴近，在紧扣大学生学习生活方面尚有欠缺，实效性及针对性缺乏，感召力和吸引力也不强。长期以来，思想政治教育工作习惯于提要求和讲灌输，但从学生思想状况和学习生活实际出发解决问题却比较欠缺。当代大学生面临学习、心理、权益、就业等诸多问题，相当多的学生承受着来自学习、就业、经济、人际交往等方面的压力，许多社会问题在他们身上也都有所反映，一些学生感到迷茫、压抑、焦虑，进而产生许多心理问题。故仅仅从思想方面提要求往往无助于解决一些具体问题，这使得学生感到思想政治教育工作不能适应当今社会的实际和大学生自身的实际。

在传统大学生思想政治教育中，由于教育对象的思想动态与新媒体时代具有显著的同步性，因此教育内容的单一性已经完全不适应当代大学生追求自由与多样的时代需要。此外，面对虚拟空间中层出不穷的大学生新的心理问题，传统思想政治教育只是简单地搬运以往的教育内容和教育方式，并未能设计出更有针对性的新举措。由于当代的大学生是生活在新媒体时代这个大社会环境之中的，其所受到的教育自然要针对现实环境，顺应时代的需要，从而使学生具有明辨是非的能力，进而能有适应现实社会的能力。而事实上由于种种原因，目前大学生思想政治教育的现状却并非如此。主要原因可归结于传统思想政治教育在内容方面缺乏针对性。作为当代的思想政治教育者，理应在思想理念及教育水平两方面做到与时俱进，根据新媒体时代大学生新出现的思想状况及时调整教育内容，以提升教育的针对性和实效性。

另外，高校的思想政治教育内容一直以来的重点，就在于引导受教育者适应经济社会的发展，这是当前国家重视经济发展所决定的。这就导致了长期以来大学生只受到如何适应经济发展，如何处理经济方面的各种利益纠纷的教导，却没有得到非经济领域的教导，这使大学生在社会中不能得到更大的发展。高校一味强调培养学生的经济价值取向，那么学生就只能在经济领域游刃有余，但当要进行人际交往，参加社会活动、政治活动等其他非经济领域活动时就会手足无措，陷入各种价值取向相冲突的境地之中。高校的这种片面教育是只看到了马克思主义有关生产力原理的论述，却忽视了马克思主义的整体性。

传统思想政治教育的内容过于理想化，超越了社会现实，往往只向大学生灌输共产主义思想。这种理想化的政治教育表现为无视我国的基本国情和社会发展阶段，无视受教育者的个性和生活。高校思想政治教育内容在一定程度上被认为是培养受教育者共产主义远大理想、崇高的道德追求的伟大育人计划，至于受教育者的自身水平和对现实世界的关

注完全被忽视。事实上，高校的思想政治教育不但要注重超越现实的理想性，而且要注意教育者的现实生活，只有两者相结合才能全面提升受教育者的素质。"重理想轻现实"的思想政治教育从其本质来看，是一种肢解思想政治教育本质、弱化思想政治教育功能的行为，这样发展的结果肯定是与社会发展不相适应的。

高校思想政治教育内容更新太慢，落后于时代发展。一方面，市场经济体制的深入发展使得中国特色社会主义建设出现了许多新情况，在发展过程中也遇到了许多新问题，而本应与其共同更新的思想政治教育内容却没有反映这些新内容。现如今的思想政治教育内容很少能够反映市场经济新发展的内容，缺少自立、自强、创新、平等、开放等精神的传扬。经济的快速发展也导致了许多社会问题，这些新出现的问题引发了受教育者对社会主义建设的多种思考，包括相对于资本主义而言，社会主义存在的优势，我国现在的社会风气和党的风气等。如果大学生思想政治教育回避这些问题或者仅仅是简单地停留在表层分析上，结果只能是让大学生对思想政治教育愈加失望，降低思想政治教育的效果。事实上当前的思想政治教育更多的还是理论学习，针对社会现实问题的还是很少。另一方面，受教育者在大学生活中会遇到各种问题，如恋爱问题、人际关系问题等，会受到各种压力，如学习压力、就业压力等。这些问题也没有被思想政治教育所吸纳，这些内容看似简单，其实特别重要，处理不当就会造成严重的后果。尽管这些问题引起了高校的重视，但这些问题在思想政治教育中所占的比重仍旧很小，不足以支撑教育者寻求到解决办法。

3.教育载体功能僵化、弱化、形式化

传统的大学生思想政治教育载体主要包括课堂教学、班级活动、社会实践、校园文化等活动，虽然这些教育载体在一定的时代背景下显现出了其实用性，但其中还存在不少弊端。

（1）载体功能的僵化。课堂是学生学习知识、提高思想政治觉悟的主阵地。各高校中应充分利用课堂载体，坚持传授知识与提高学生思想政治素质相统一，帮助学生形成完善的人格。

首先，教学内容的滞后性。伴随新媒体技术的进步及广泛应用，许多思想政治教育者已开始尝试采用新媒体形式开展大学生思想政治教育工作，例如开设思想政治教育主题论坛、设立思想政治教育网络社区主页、开发移动互联网平台等，这些载体对促进大学生思想政治教育的发展起到了一定作用。然而，许多高校思想政治教育的教育者、管理者的教育理念还偏于保守，偏爱的仍是思想政治教育的传统载体形式，他们习惯于使用传统教育手段，对新媒体技术发展的益处与前景认识不清，改革教育形式的自身动力不足，这便直接导致思想政治教育的载体选择实际上并无法充分满足当代大学生的需求，教育载体存在明显的滞后性。理论脱离现实，就会失去根基，没有说服力，这也是学生容易对政治理论课产生逆反心理、不愿接受的主要原因。

其次，教学方法的单一性。高校政治理论课教师的教学方法仍是以课堂讲授为主，一味突出教师的主导作用，仅以学生被动接受，缺乏激发学生思考、主动积极参与的方法和手段。

最后，不能与专业课课堂形成合力。学生思想政治教育工作，不应该只是思想政治理论课教师、辅导员、学生工作管理者的"独唱"，而应是全体任课教师与全体学生的"合唱"。在高校校园中存在这样的现象：一些专业课教师，随便对社会现象进行不负责任的评价，课堂上宣泄自己的情绪。这会对学生产生长久的不良影响，甚至毁掉政治课教师长期努力的成果。

（2）管理载体功能的弱化。现在大部分学生缺乏主动学习意愿，经常三分钟热情，不能够保持持久学习的状态。因此必须切实落实管理载体的作用，督促学生养成学习习惯。目前部分高校管理部门和管理者缺乏思想政治教育理论知识和自觉对学生进行思想教育的意识，把管理与思想政治教育分割开来。部分管理者认为，只要学生不出现安全事故，不违反学校规定，安心上课，顺利拿到毕业证就万事大吉了，把学生的思想问题、心理包袱完全交给辅导员与政治理论课老师。管理功能的弱化，直接影响了高校思想政治教育的时效性发挥。

（3）活动载体的形式化。高校的学生多数在高中阶段成绩是班级的中等学生，并非各类学霸，他们往往是班级中的活跃分子，具有多种多样的才华。因此他们喜欢参加各种活动，渴望通过活动施展自己的才华并得到大家的认可。故此，活动载体是高校思想政治教育载体中最具吸引力的形式。目前，部分高校在运用活动载体时片面追求形式而非内容，使活动成为与思想政治教育无关的"装饰"或"表演"。例如，一些思想政治教育工作者在组织活动时单纯追求流行和时尚，最终起到的作用只是以乐代教而不是寓教于乐；还有些思想政治教育工作者把组织活动总体数量作为考核业绩的标准，忽略了活动的实际效果；此外一些活动存在严重的短期性、暂时性等问题，活动大张旗鼓地开始，但随后又悄无声息地结束了。活动载体的形式化，严重束缚了高校思想政治教育功能的发挥。

（六）高校思想政治教育存在其他一系列消极影响因素

思想政治教育环境指的是思想政治教育所面对的客观世界。大学生思想政治教育环境包括校园环境、家庭环境和社会环境。环境对人的影响很大。教育环境存在的消极因素会对思想政治教育产生不良影响。

1. 校园环境中的负面影响

高校环境从整体上来看是积极的，但是其中也存在着许多不良因素。绝对的世外桃源是不存在的；这些混杂进来的不良因素也会对大学生思想政治教育产生不良影响。具体表现为部分高校为追求经济利益而盲目扩大招生、夸大就业率。高校的态度导致了许多高校教师缺乏严谨的治学态度，对待思想政治课程更是敷衍了事。为了评职称、拿奖励钩心斗角，学术弄虚作假，丧失了身为教师的责任感。这些都导致他们教导下的大学生学习不认真、经常逃课、论文多靠抄袭、考试中作弊、不思进取、缺乏上进心。

2. 家庭教育和学校教育二者之间未能形成合力

受教育者的思想政治观念在很大程度上都会受到家庭观念的影响，但是我国的高校教育完全与学生的家庭教育脱节，这就制约了高校思想政治教育的影响力。产生这一现象的原因有很多，比如：①家长普遍重视学生专业课成绩，很少关注学生的思想政治教育情况，家长的态度会直接影响学生在科目上花费的精力。②高校扩招，大学生的数量增加，学生来自五湖四海，高校很难与每一个学生的家长建立联系。这种家庭与学校相分离的情况很不利于思想政治教育。

3. 社会环境中的负面影响

大学生的成长受到社会环境的极大影响，良好的社会环境无疑会影响大学生形成良好的行为规范、高尚的道德情操，锻炼出良好的交际能力，保持与他人的和谐关系。恶劣的社会环境会对大学生产生极大的消极影响，使大学生常常感到茫然无措、精神空虚、不善与人接触。思想政治教育中所描述的社会与实际社会的反差太大，这就极大地减弱了思想政治教育的可信度。

三、新时代背景下高校思想政治教育迎来新机遇

（一）全球化给大学生思想政治教育带来的机遇

1. 为大学生思想政治教育注入强大的力量

全球化的发展需要科学知识提供的强大智力支持，而全球化的发展又反过来有力地推动了知识经济的发展。所谓知识经济，是指以信息、知识为主要资源，以知识阶层为主体，以科技创新、人力资本为主要动力，以可持续发展为宏观特征，以服务业、高新技术

产业为支柱产业的新型经济形式。在知识经济时代，创新、智慧、知识成了重要的代名词，这就从理论、方法、地位等方面为大学生思想政治教育带来了强大的动力。

一方面，知识经济使大学生思想政治教育的地位更加突出。知识经济时代呼唤以人为本，知识经济对人才的要求是具有高尚的道德情操、先进的思想、正确的政治方向和高级的智慧。这一目标与大学生思想政治教育的方向是十分吻合的。随着知识经济的持续推进，大学生思想政治教育将受到越来越多的关注。

另一方面，知识经济使大学生思想政治教育的方法得到优化。近年来，由知识经济所带来的一些先进教学方法（如数据统计分析、数学模型构建等）越来越广泛地应用到大学生思想政治教育中，这不仅使思想政治教育的定量分析能力得到极大增强，定量与定性相统一的方法还明显提升了思想政治教育的准确性。

2. 为大学生思想政治教育提供了开放的环境

全球化意味着在全世界范围内进行资源的有效配置，这其中当然也包括教育资源。换句话说，基于全球化的教育资源的开放与共享使大学生思想政治教育具有了更加开放的环境。

第一，全球化赋予了大学生思想政治教育新的内涵。具体来说，大学生思想政治教育除关注马克思主义理论的发展与创新以及中国的具体国情外，还应将目光投向丰富多彩的世界文明，不仅要用世界眼光来重新审视中国的传统文化，还应把握世界文化、思想、道德发展的最前沿。

第二，全球化有利于培养、强化大学生的全球意识与竞争意识，有利于他们解放思想、更新观念、扩大视野，从而使大学生思想政治教育具有更加先进的思想基础。此外，在全球化环境下，对国外思想政治教育的先进理念进行学习，对他们的先进经验进行借鉴也变得更加便捷。

3. 为大学生思想政治教育创造了发展环境

全球化以市场经济体制为前提，市场经济体制的建立与稳固为大学生思想政治教育创造了良好的环境。

一方面，市场经济为大学生思想政治教育奠定了稳固的物质基础。自从我国推行市场经济体制以来，国民经济保持了稳定、健康、持续的增长势头，不仅社会生产力快速发展，人民的生活水平也得到了大幅提高。一方面为大学生思想政治教育创造了稳固的物质基础，另一方面也为思想政治教育提供了有力的佐证，大大提高了思想政治教育的感染力与说服力。

另一方面，市场经济为大学生思想政治教育注入了新的活力。在过去很长一段时间内，大学生思想政治教育将马克思主义理论作为指导，并以帮助大学生树立科学、正确的价值观、世界观、人生观为主要内容，这对于大学生的成长与发展具有积极的促进作用。随着时代的进步，市场经济体制所倡导的价值规律与优胜劣汰思想逐渐深入人心。在这样的时代背景下，大学生思想政治教育在原有内容的基础上将公平、自由、正义、民主等观念也列为基本内容，从而使大学生思想政治教育获得了新生力量。

（二）社会转型给大学生思想政治教育带来的机遇

1.创造大学生思想政治教育的环境氛围

社会转型使高校面临着一个新的社会环境。市场经济倡导的民主、平等、自由、竞争、合作等新的观念逐渐成为人们的共识，这些新观念也渗透到大学生思想政治教育工作中，形成民主和谐、平等协商、创新进取的思想环境。市场经济的科学、民主、高效和务实的管理模式极大地影响着大学生思想政治教育的管理体制和模式，新的大学生思想政治教育的管理体制和模式正在形成。社会和高校之间的界限逐渐变得模糊，两者在多层次和多领域进行交流和合作，既加快了社会主义市场经济体制建立的步伐，又加快了高校改革和发展的进程。

2.促进大学生思想观念的改变

第一，思想解放，富有开拓创新精神。在社会转型阶段，各种思想观念得以共存，人们的思想得到更大的解放。在这样的环境下，大学生得以接触到多元的文化，他们的视野更加开阔，很少受到传统观念的束缚，也具有更强的合作意识与创新意识。

第二，主体意识与竞争意识增强。在社会转型的时代背景下，高等教育以扩招为起点，逐渐向"后勤社会化""弹性学分制""自主择业，双向选择"的方向发展。面对社会上纷繁复杂的新问题，当代大学生不附众、不盲从，他们对自我进行重新审视，并用一种全新的眼光来看待周围的现象，体现出令人欣喜的主体意识。市场经济体制下，优胜劣汰的竞争机制对社会各个领域、各个层面都带来巨大的影响，高等教育也不例外。身处竞争氛围当中的大学生更加注重独立性、能力性的提高，更加注重个人素质的提升与创造力的加强，以此来应对日益激烈的竞争环境。

第三，价值取向多元化。自从将改革开放确定为我同的基本国策以来，社会转型全面开展，并使人们的就业观念发生了明显改变。具体来说，血亲、地域等传统归属格局不再成为人们就业的障碍，传统的被动服从型人员流动逐渐向主动选择型转变。在这样的时代背景下，易于接受新观点的大学生受到多种思想观念的影响，其价值取向必将呈现出多元化的趋向。

第四，民主与法治意识增强。市场经济有序运转的重要前提是法制的完善。市场经济对国家、社会、单位、个人的法制意识都提出了更高的要求。经过多年的法制教育与宣传，广大公民特别是大学生的法制意识有了明显提升。具体来说，无论是对学校的教育教学管理制度还是国家的法律法规，大学生大多能自觉遵守，他们对自身行为的约束力也有显著提高。

3. 增添大学生思想政治教育的新活力

社会转型给传统的大学生思想政治教育注入了新的活力，开拓了新的视野，丰富了大学生思想政治教育的内容，为改进和加强大学生思想政治教育提供了新的思路。处于不同经济地位的社会成员具有不同的精神追求和不同的价值观念，人们的视野从国内到全世界，接触的东西在增多，可供选择的范围在增大，促使人们的思想更加活跃、趋利性日趋明显。人们在政治、经济、文化生活上的选择更加自主、灵活、多样。这些变化都给大学生思想政治教育提出了新的课题，要求大学生思想政治教育要尽快地适应这些新形势，积极主动地吸收利用各方面的有利因素，不断深化对在社会转型条件下做好大学生思想政治教育的特点和规律的认识。

（三）新媒体给大学生思想政治教育带来的机遇

在新媒体的影响下，大学生思想政治教育教学步入了新情境。新媒体对大学生思想政治教育产生了广泛而深远的现实影响，其技术手段在大学生思想政治教育中的实际运用为教师的教育教学活动提供了更为便捷的条件，极大地丰富了教育教学的形式，并在一定程度上深化了教育教学的内容。

相较于枯燥的传统思想政治教育，新媒体时代大学生思想政治教育更有活力，我们称之为"思想政治教育的激活理论"。

1. 开阔了大学生思想政治教育的空间

网络自身所具有的开放性，使人们之间的交流打破了地域上的限制，变得更加自由与便捷。随着互联网技术的不断发展和普及，使世界仿佛变成了一个"地球村"，人们不用走出屋子就可以了解到世界各地的实事动态，拓宽了人们的眼界。将新媒体作为大学生思想政治教育的载体，这就拓展了教育的空间，增加了教育的覆盖范围。与传统教育模式相比，这就使受教育人数的有限上升为无限，为我们传播马克思主义真理与社会主义核心价值观提供了有利的条件。例如，如果人们想要获取某方面的知识和信息，不再需要在规定的时间和规定的地点去聆听，只需要一个可以联网的终端就可以获取到任意你想了解的东西，包括世界各地在政治、经济、文化、教育、军事、生活等方面的信息。

以互联网为基础所发展起来的交互式远程教育，为大学生思想政治教育提供了更广的传播途径。这种互联网教育模式突破了以往"学校"和"围墙"的限制，无论是处于什么地方的学生，都可以在互联网的帮助下实现教育资源的共享，同时还可以与其他学生进行交流和讨论，自由地与教师进行咨询和探讨。此外，通过互联网，家长还可以随时关注学生的学习动态，同时也可以与学校保持密切的联系，双方共同合作，加强对学生的监督，提高学生的学习效果。交互式远程教育的使用，使原本面对部分人群的有限的教育空间，变成面对社会公众、更加开放的教育空间，这就在很大程度上拓宽了思想政治教育的范围，有利于提高全民的思想政治素质。

一般来看，传统大学生思想政治教育，通常是通过课堂讲授的方式向学生传授知识，在高校教育中占据主导地位。新媒体思想政治教育的出现，就为学生提供了一个更大的学习空间，通过互联网学生就可以了解到世界各地的思想观点、风俗习惯和文化思潮等，全方位提高了思想政治教育的社会化程度。互联网的出现，打破了学校与社会的限制，学生不再只是生活在象牙塔之中，他们可以通过网络来逐渐接触社会，为进入社会打下坚实的思想基础。

2. 创造了大学生思想政治教育的动力

新媒体创设了虚拟与现实共存的环境，所以其具有的开放性和共享性为提供教育动力创造了条件。虽然新媒体因其本身的虚拟性会存在一定的局限性，但是它的虚拟却是建立在与现实相联系、反映现实的基础上。学校可以利用新媒体这一特性，充分发挥其作用，更好地利用资源对大学生进行思想政治教育，并能够积极探索新媒体环境下大学生思想政治教育的特点，开发与大学生身心相适应的思想政治教育模式，使思想政治教育更能体现时代的特性，焕发新生的活力。

综上分析，大学生离不开新媒体，并深受新媒体的影响，同时新媒体的信息量大、交互性强等特点也为开展思想引领工作提供了更为丰富的渠道和方法。作为高校思想政治工作者，必然要利用这一天然的契合点，正确引导大学生树立科学的发展观与成才观，引导他们走上正确的人生道路。大学生思想政治教育工作者们必须全方面地了解大学生的实际情况，根据大学生自身的特点，通过新媒体激活思想政治教育的相关内容，引导他们对新媒体有正确的、客观的、全面的认识，并学会运用新媒体为自己综合素质的提高服务，自觉抵御不良信息的干扰，客观评价事物及个体的属性，形成自我的全面发展。

3. 促进了大学生思想政治教育信息交流双向化

新媒体时代使信息接收者和传播者的交流更加紧密，并且参与者不仅是信息的浏览者也是信息的生产者。网络新媒体正式成为舆论新格局的重要组成部分，成为思想文化信息的集散地和社会舆论的放大镜。当代大学生通过网络媒介及时有效地关注公共事务以及时事热点，并通过网络发表自己独特的看法和见解，积极地参与到社会的发展中。这种参与公共事务的方式更加方便也更有活力，同时又能给社会带来不可估量的正面效应。

4. 实现了大学生思想政治教育内容、手段的多样性和灵活性

以往高校对大学生所进行的思想政治教育，主要采用的是授课或是读报、做报告的形式，这种形式耗费的人力、精力巨大，需要教师花费很多的时间对资料进行收集、整理等工作，而且传授知识的方式通常也是直接对学生进行"灌输"，这种单方面的授课方式对大学生成长的帮助是极为有限的。随着网络科学技术的不断发展，新媒体的不断普及，思想政治教育信息的传播效率大大提高，这是其优于传统媒体的重要一面。通过对新媒体的使用，思想政治教育的工作者就可以在收集、整理、选择、分析资料方面节省更多的时间，有利于教学合力的形成。通过利用新媒体技术进行教学，学生的多种感官可以同时感知到知识的传播，最终的学习效果要比单一感官感知的效果要好得多。尤其是虚拟现实技术的开发和使用，可以让人身临其境的感知学习，利用图片、音乐、动画及仿真画面等充分调动起人们的感官，最大限度地提高学生的学习效率。因此，在新媒体时代环境下，大学生思想政治教育工作者必须要改变以往的教学模式，改进教育方法，充分利用现代科技成果和现代传播手段，以此来提高大学生思想政治教育的实践效果。

5. 注入了大学生思想政治教育的新知识

众所周知，创新是新媒体发展的主要动力，而思想政治教育也离不开创新精神，因此思想政治教育可以有效地借助新媒体发展过程中体现出来的创新意识和先进思想并以新媒体为依托，顺应时代的潮流，定将焕发新的活力。思想政治教育工作者在对大学生进行思想政治教育的过程中若能够立足实践进行创新，创新教育内容、创新教育方式，契合大学生自身的特点，这样的教育方式就会更加贴近实际，并且能够拓宽知识来源，加强对知识的内化和吸收。

四、新时代背景下高校思想政治教育面临新挑战

当前环境的变化在给大学生思想政治教育带来机遇的同时，也给大学生思想政治教

育带来了巨大的挑战。了解这些挑战，有助于我们采取相应的措施来提高大学生思想政治教育的实效性。

（一）全球化给大学生思想政治教育带来的挑战

经济全球化的历史潮流以其不可阻挡之势席卷世界每个角落。它在给我国经济带来巨大发展的同时，也裹挟着世界各国各地区的思想文化、价值观念、意识形态，给我们主流的意识形态和价值观念带来强大的冲击，这无疑增加了进行思想政治教育的难度。

1.反华势力和西方文化意识形态霸权的挑战

随着世界经济全球化趋势的不断强化，各国把拓展知识产品出口，强化知识产权的保护和加大对他国开放服务和知识市场作为对外政策的重要组成部分，使不同社会制度和价值观念之间的意识形态领域的冲突与斗争日益剧烈，大学生思想政治教育的国际化成为必然趋势。一方面，全球化的发展对高校、对人才培养质量提出了新的要求，谁能够培养出高素质的人才，谁就能在日益激烈的国际竞争中赢得主动权。另一方面，教育国际化又促进了世界范围内的广泛交流与合作，在促进各民族各类文化相互交流和融合的过程中，不可避免地引发或激化全球化与民族文明、民族文化的矛盾。国际化人才的培养必将面对的是中国文化和其他国家文化之间的差异，包括宗教信仰、文化形态、民族意识、价值取向等诸多方面。作为国际化人才，既要保持本土文化，吸取西方文化中精华的部分，也要对糟粕有警惕意识，不能任其侵蚀。国际化人才在面对文化冲击时，必不可少的能力是对文化免疫力的提升。人才在实现自身价值和维护国家利益时，如果完全被异国文化同化，就达不到培养国际化人才的目的。

2.民族精神和爱国主义情感被淡化

在某种意义上来讲发展中国家的全球化过程充斥着痛苦和血泪。大学生越来越难以培养起浓厚的爱国主义情感。经济全球化如同洪水一样冲击了每一个民族、国家和区域的藩篱，从而使国家疆界变得非常模糊，民族意识弱化，大学生的理性逐渐被淡化。与此同时，在经济全球化程度持续深化的过程中，随之而来的西方资本主义国家意识形态影响的加大，将会对大学生思想政治教育带来负面影响，尤其是网络信息和通信技术的快速发展，西方各种各样的价值观念，如注重商业、追求感官享乐、利己主义等会不可避免地涌现，将淡化某些青年大学生的理性思维和集体观念，从而削弱了他们的民族意识和国家、国民意识。在这种情况下，一部分大学生传统的爱国主义情感渐渐消退，国家利益观念渐渐模糊不清，爱国情感日益淡化，对中国悠久的历史和丰厚的文化底蕴日益冷漠，其民族自尊心与自豪感也会大大降低。

3.社会主义思想道德受到侵蚀

虽然经济全球化使大学生思想越来越开放，但因为大学生缺乏社会经验，在批判鉴别方面能力较弱，面对西方发达资本主义国家经济成功、大众文化和消费主义等的极力诱惑，他们常常迷失其中，盲目效仿，弱化了爱国意识，同时淡忘了脚踏实地、艰苦奋斗等诸多传统美德。随着个人主体意识的苏醒，在解决个人与社会关系方面，某些大学生更加注重现实的个人利益与发展，却忽略了国家利益和民族需求，从而缺乏对于集体、国家和社会的责任感，很容易诱发极端个人主义。不仅如此，在价值取向方面，虽然他们务实积极，但是过分注重眼前利益，追求世俗的、实用的、功利的物质目标，而理想与人文精神却非常缺乏，在现实生活中，很大一部分大学生一味陶醉在物质享受和现实快活中，没有考虑将来；他们崇尚感性，蔑视理性，追求时尚，看重排场；一些同学持有金钱至上的看法，盲目高消费，以自我为中心，乃至为达到目的而无所不用其极，与此同时，享乐、暴力、没落、吸毒等一系列发达资本主义国家的社会毒瘤，借助于国际互联网、贸易往来、出境考察项目、国际旅游、对外交流合作等形式，对大学生群体带来一定的不良影响。面对极具诱惑的世界，一部分大学生陷入困惑与迷茫中，其社会道德失控现象越来越严重，大学生群体的道德滑坡且基于此走向犯罪已经演变为突出的社会问题。

4.挑战社会主义理想信念教育

全球化国际分工体系和市场体系的形成，使商品、资本跨越不同社会制度自由流动，把整个世界联结成一个有机整体。社会主义经济与资本主义经济相互交织、相互融合，社会主义制度与资本主义制度的关系也由"遏制—对抗"为主转变为"接触—合作"为主，既对抗又合作成为当今资本主义和社会主义相互关系的基本态势。然而，在这种时代条件下，有些人淡化了"两种制度"之间的差异与对立，社会主义信念不再坚定；一部分人尤其是一些领导干部盲目推崇西方价值体系，往往用西方的理论制度、发展模式、价值观念、生活水平等来解构、批判中国现实，丧失应有的国家和民族精神的独立性。对此，中共中央组织部印发了《关于在干部教育培训中加强理想信念和道德品行教育的通知》（以下简称《通知》），要求各地区各部门加强理想信念和道德品行教育，引导和帮助干部始终坚定共产主义理想和中国特色社会主义信念，始终坚守共产党人的精神家园。《通知》指出，开展理想信念教育，关键是要引导干部把理想信念建立在对科学理论的理性认同上、对历史规律的正确认识上、对基本国情的准确把握上。要深入开展马克思列宁主义、毛泽东思想、邓小平理论、"三个代表"重要思想、科学发展观的教育，尤其要深入学习领会习近平新时代中国特色社会主义思想，使干部真正领会贯穿其中的马克思主义立场观点方法，坚定对马克思主义的信仰，防止在西方宪政民主、"普世价值""公民社会"等言论的鼓噪下迷失方向，防止在封建迷信和宗教的影响下失去自我。要深入开展中华优秀传统文化教育，引导干部继承和弘扬传统美德，捍卫国家和民族的精神独立性，防止成为西方道德价值的"应声虫"。学校是社会的重要组成部分，领导干部的腐败及理想信念的丧失，在很大程度上挑战着大学生思想政治教育"以理服人"的传统教育模式，"身教胜于言教"，国家综合治理能力的提升胜于"苦口婆心"的教育。

5. 加大了社会不公和教育不公

全球化使市场竞争的作用逐渐突显，而竞争的结果就是优胜劣汰。中国幅员辽阔、人口众多，区域经济发展的不平衡性问题更加突出。具体到教育领域，则表现为一些边远地区与经济落后地区的教育水平严重滞后于东部沿海地区与经济发达地区。

长期以来，一些地区的教育滞后问题是有目共睹的，越来越多的学者都将关注的焦点投向农民工子女与贫困家庭子女的受教育权利领域，即教育公平领域。对在校大学生来说，他们只有在得到基本的物质生活保障的前提下，才有可能全身心地投入到科学知识的学习与思想政治的学习中来。因此，贫困生的思想政治教育仍是大学生思想政治教育体系中的难点。

（二）社会转型给大学生思想政治教育带来的挑战

1. 校园文化价值冲突

社会转型使校园文化价值冲突产生，主要表现在以下四个方面：

第一，"中"与"外"的文化冲突。社会转型不仅带来了中国社会内部的变化，还是一个由封闭向开放转变的过程。我们不仅将国外的人才、资金、技术等引入国内，同时国外的文化也随之进入国门。这就使本土文化受到西方文化的直接冲击，其直接表现就是本土文化的情感理念、顺从观与西方文化的理性意识、主体观之间的矛盾。在西方文化的影响下，越来越多大学生的主体意识被唤醒。他们开始用一种理性的观点来重新审视社会，反思历史，形成了自己的怀疑精神与批判意识，这在客观上对中国传统文化所倡导的群体意识、顺从意识是一种巨大的改变。

第二，"旧"与"新"的价值冲突。社会转型期是新旧两种社会体制相互斗争、相互融合的过程。因此，在进行价值选择与价值判断时，不可避免会遇到新旧价值的冲突。具体来说，一种是指向未来的新生力量，另一种是源于历史的守旧力量。大学校园也处于社会价值观的变革之中，因此大学生必将面临现代价值文化与传统价值文化之间的冲突。

第三，"科技"与"人文"的冲突。近年来，科学技术知识的更新周期越来越短，学科分类也逐渐趋于精细化。越来越多的大学生将更多的精力投入到专业知识的学习中，这就使他们的思维方式被科学的工具理性所左右，有的学校甚至出现了科学主义意识过度膨胀的倾向。但是，当大学生走出校园、步入社会之后，其残存的人文精神很容易被科学理性异化或吞噬。社会转型为校园文化带来了价值冲突，校园生活受到这种矛盾性的巨大影响。从积极的角度来看，各层面的价值冲突出现在校园文化中有利于校园文化的整合与进步，其价值体系也会得到更新，因为文化的发展常常遵循从冲突到融合的规律；从消极的角度来看，校园文化中的价值冲突为大学生的信仰、价值观、道德标准等所带来的消极影响也是不容忽视的。具体来说，当错综复杂的价值冲突出现在校园中时，大学生面临的不再是单一的传统价值体系，而是多元的价值标准。于是，他们不得不面对价值选择的困难。当遇到庸俗文化模式时，优秀的文化价值观念常常被披上放荡不羁的价值外壳，并因具有神秘色彩而逐渐被消融。在这样的情况下，只有经过哲学思考才能保持自己的价值判断，但大学生又常常懒于思考，于是他们对价值选择逐渐失去理性与耐心。尤其是当大学生面临激烈的价值冲突时，他们常常对校园整体文化因素和现代传播媒介全盘、被动、盲目地接受，而很少注意到思想家的睿智与深沉、殉道者的执着与悲壮、先行者的超俗与崇高，这就必然使他们陷入与他人、与自身的矛盾中。

第四，"通俗"与"高雅"的冲突。在社会转型期，多样的文化形态纷纷在社会大舞台亮相，其中既有通俗的，也有高雅的。通俗文化常常传递着对未来表示怀疑、对永恒表示漠视、崇拜眼前利益、重视偶然因素的价值取向，且大多具有肤浅、媚俗的文化形态，极易满足大学生的某些感官需要。相比较而言，高雅文化具有理性、智慧的精神内核，大力倡导真善美的价值观念，竭尽全力地发扬人类文明中至纯至真、至上至高的内涵。就目前的情况来看，通俗文化在大学生心目中占有更加重要的地位。这一方面源于社会转型所产生的浮躁氛围，另一方面也与大学生急功近利的价值取向密切相关。

2. 大学精神面临困境

所谓大学精神，是指大学校园群体所表现出来的共同的思想追求。具体来说，大学精神既包括科学精神、人文精神、超越精神和独立批判精神，也包括功利主义、现实主义、理想主义以及顺应潮流的价值取向等。

大学精神在社会转型时期所面临的困境主要体现在以下几个方面：

第一，人文精神发展相对滞后。人文精神是一种人类对自身给予关注的价值观念，是人类以深邃的目光、宽阔的眼界对人的实践规范、激活状态以及自觉意识进行的总结与概括，涉及生态结构、生命活动、生存理念等问题。具体来说，大学的人文精神倡导个性的解放以及人与自然的和谐发展，坚持建立和谐、平等、自由的人际关系，主张终极追求，重视主体意识与理性原则。此外，大学的人文精神还追求理想的实现与理想人格，主张充分发挥人的价值，对超越现实的理想世界要执着探索，以体现大学教育所应具备的历史使命感与社会责任感。

科学精神是一个范畴很广泛的概念，既包括科学思维方式、科学理念，又包括科学实践。它随着人类科学活动的产生、发展而不断前进，主要表现为勤于研修、勇于创新、敢于怀疑、大胆求是、勇于探索、积极思考等品质。

人文精神与科学精神是大学精神的重要组成部分与体现形式，也是大学精神的核心，充分体现了大学揭示本质、探索真理的精神内核。人文精神与科学精神两者是相辅相成的，人文精神的丰富有利于科学精神的完善，科学精神所带来的物质现实有利于人类的自我解放、自我提高与自我完善。

需要特别说明的是，人文精神与科学精神的差异也是比较明显的。功利性、实用性、真实性是科学的典型特点，这使得科学成为人类生产力进步的推动力量以及物质文明进步的重要途径。但是，单纯的科技主义易使人成为单向度的人。相比较而言，人文精神不断向单纯化的生活状态进行反抗与挑战，它摆脱功利主义的羁绊并返回生命存在的本源，从而促使人们找寻自己的精神渊源以及现代社会所失落的意义。科学技术在社会转型的过程中发挥着不容忽视的作用，这使科学的地位得到极大提升。在大学中，理工科学生通常对人文科学没有兴趣，且常常认为自己比文科学生更优秀。一般来说，学科的资金支持也多偏向于理工学科。

值得注意的是，科学技术是一把"双刃剑"。科学技术在为人类创造福利的同时，也常常带来一些意想不到的后果，如人格失态、环境失序、生态失衡、精神失落、道德失范、资源失调等。如果科学技术没有得到必要的规范与正当的约束，甚至会给人类带来毁灭性的灾难。因此，在认可科学技术积极作用的同时，应对人文精神进行大力倡导，使科学技术的发展遵循基本的道德要求与人伦精神，从而尽最大努力遏制科学的消极作用，充分发挥其积极作用。换句话说，科学技术离不开人文精神的规范与指引。

第二，对理想的追求现实化。大学精神鼓励莘莘学子为理想而奋斗，要有对理想无限追求的雄心壮志，并对现实永不满足，这正是大学精神昂扬向上的风帆。具体来说，大学的理想主义主要表现在保持自己应具备的社会责任感与使命感，追求精神超越，主张现实是澄明有序的，坚信未来是美好的。在社会转型期，大学精神受到了现代工具主义理性观点的冲击，理想主义不再占据主导地位，大学生的价值观失衡，大学校园充斥着庸俗、浮躁、功利的思潮。从教师方面来看，由于受到功利主义思想的影响，原本对学问的执着追求逐渐沦为功名的敲门砖、虚荣的装饰以及用来满足个人私欲的手段。清华大学前校长梅贻琦曾言："所谓大学者，非有大楼之谓也，大师之谓也。"视学术为生命的大师常常苦心孤诣、皓首穷经，终生与青灯黄卷为伴。这种耐得住寂寞的大师精神几乎成为绝唱，在很多现代人眼中已成为久远的记忆。相比较而言，学术失范、学术不端、学术作假、学术"泡沫化"现象则屡见不鲜。从学生方面来看，现实主义的影响使大学生减少了对理想的追求与对真理的执着，他们也不再注重精神品位的提升。相反，他们忙于学习，在表象上与过去无异，但在内心上只为用好成绩来换取几张有市场前景的文凭，有的甚至把文凭当作跻身上层社会、换取物质财富的工具。可见，大学生面临的是价值理性与工具理性的错位，以及由此所带来的学子精神的缺失。他们正由理想主义逐渐下滑至现实主义的窠臼。

第三，独立批判精神的缺位与媚俗的价值取向泛化。在任何社会中，大学都是社会的高等学府。纵观中外大学的发展历程，独立性与批判精神是大学永恒魅力的生命点。其一，大学是独立的。只有人类理智与自由精神的最高表现才是真正的学术。因此，学术不是被动的，而是主动的；学术不是依赖的，而是独立的。换句话说，不能独立自由的学术在本质上不是真正的学术，学术必须是自由的。因此，具备独立精神是以学术研究为使命的大学的基本追求。其二，大学应具备批判精神。大学的批判精神既涉及知识分子对社会生活的审视性，也包含知识分子对社会生活的超越性。知识分子既要对直接利益与经验以外之意义的符号问题予以关注，还要对社会规范问题展开研究，并在此基础上展开批判性、创造性的思考。这是一个知识分子的天职，更是其不能推卸的责任。因此，大学的判断能力、自觉意识与社会责任感会自然促使批判精神的产生。当今的大学生是随着社会转型一起成长的。自他们出生之时起，迎合性、顺从性等时代因子就伴随在他们左右，从而成为他们成长过程中的"营养品"。所以，当他们即将成年之时，通过个人努力来为自己赢得一个富足的人生就成为自然而然的事情，独立精神与批判精神的减弱成为一个不可避免的结局。在这样的环境下，甚至连大学的存在价值都会受到挑战。

第四，物质的实用主义遮蔽了大学的超越精神。一般来说，大学的超越精神具有两个层面的含义。首先是对物质功利的超越。企业从事的是物质生产，是以赢得为目的的机构，而大学与企业的最大区别就在于大学从事的是精神生产，且不以赢得为目的。这正是大学的本质所在。其次是对现实社会的超越。现实社会为大学提供了精神基础，大学精神是对现实的反映。但是，基于大学的特定功能，大学精神在反映社会时不是被动的、机械的反映，而必须持一种批判态度，既要独立于社会，又要超越社会。大学在社会转型期从原来的社会边缘逐渐走入社会的中心，社会赋予的经济职能逐渐增多。与过去相比，大学面临着更多的经济利益诱惑。于是，当遇到一些能够很快投入实际应用并能带来直观收入的学科，诸多大学生往往趋之若鹜，一些有益于人类心灵的成长与精神境界提升的学科则少有人问津。此时，大学校方采取了多种课程调整的方案，不能带来经济效益的课程比重被削减，一些实用性学科的投入得到加强。虽然人文课程的意义一再被强调，但其实际效果却不尽人意。由此可见，商务气氛已笼罩了大学校园，大学已变为一个企业化的大学。

3. 大学生道德信念危机

信念是认识、情感和意志的"合金"，是人们在生产、生活实践中所形成的对事物、观念的高度信服与绝对真诚，是人的精神活动的重要组成部分。同时，信念还能够赋予人们一种身体力行、执着追求的精神动力。从存在形式、发挥意义等方面来分析，道德就是信念的存在方式与活动方式。因此，道德信念不仅指一个人对于某种道德要求、道德理想、人生观的坚信，还包括由这种笃信所外化的履行某种道德义务的强烈责任感。由此可见，作为一种存在于人们内心的内化规范，道德只有被真心诚意地接受，才能在现实生活中转化为人的行动。

社会转型使社会大环境在很多方面都发生了改变，人们的道德信念也发生了偏离。部分大学生也由此受到不良影响，出现了道德信念危机，其具体表现为借贷不还、信用缺失、抄袭和剽窃别人的学术成果、考试作弊等现象的增多。

4. 社会多样化的影响

随着改革的推进和互联网的发展，我国的社会生活出现了经济成分和经济利益多样化，社会生活方式多样化、社会组织形式多样化、就业岗位和就业方式多样化这"四个多样化"的局面。"四个多样化"的出现和存在，是社会发展进步的标志，是人们生活日益丰富多彩的体现，同时也给思想政治教育造成了新的困境。具体来说，由于市场经济体制的不完善和市场经济的自身缺陷，给人们的价值观形成带来了负面效应。给思想政治教育造成的困境主要表现在以下几方面：

（1）从价值观念上看，一部分人认为市场经济就是个人追求利益，他们在利益关系的驱动下，置国家利益、集体利益、社会利益于不顾，讲究所谓的"平等交易""奉献与索取等价"，走向自私自利个人主义。政治观念淡化，理想信念动摇，对建设有中国特色社会主义缺乏信心，陷入精神空虚和颓废状态。

（2）从行为规范上看，社会上的一些领域和一些地方道德失范，是非、美丑界限混淆，拜金主义、享乐主义、极端个人主义有所滋长，见利忘义、损公肥私行为时有发生，不讲信用、欺骗、欺诈成为社会公害，以权谋私、腐化堕落现象严重存在。一部分人把金钱和既得利益看作衡量价值的尺度，把知识和能力作为待价而沽的资本。这些问题不解决就会损害正常的经济和社会秩序，损害改革开放的大局。

（3）从生活方式上看，"四个多样化"促使人们的社会生活标准和方式发生了巨大的变化。追求科学、文明、健康的生活方式已经成为人民群众的自觉行为。人们的生活观念和生活态度趋向更加务实和开放，生活情趣和爱好更加广泛多样，更加突出自己的个性。人们的生活节奏加快，收入提高，活动空间增大，物质文化生活更加丰富多彩，文化娱乐及休闲方式也呈现多样化的趋势。人们生活观念和生活态度发生变化的同时，人们的生活方式也发生了根本的变化，呈现出消费方式、交往方式和社会服务方式多样化。这种变化使人们更多地向往和热爱美好的新生活。

但是，也确实存在一些不文明、不健康的生活观念和生活方式。拜金主义必然滋生享乐主义，个人主义必然导致奢侈浮华的生活作风。市场经济条件下的这些社会弊病给思想政治教育提出了新的挑战。

（三）新媒体给大学生思想政治教育带来的挑战

1. 新媒体环境中存在对大学生思想政治教育的一些不利因素

在新媒体环境中存在对大学生思想政治教育的一些不利因素，主要表现在以下五个方面：

第一，文化环境的多元化。由于新媒体的作用，整个世界的距离被大大拉近，因而就有了"地球村"这个名词。新媒体的出现使整个世界发生了重大变化，"不出门就可知天下事"变成了现实。各国各界人士都可以通过新媒体进行交流。新媒体的出现使不同的地域文化之间交流更加通畅，但各个地域的文化在相互交融中朝着新的方向继续发展的同时，也带来了不同文化之间的间隙和碰撞。在新媒体环境中就难以避免东西方文化的冲突，本土文化与外来文化的冲突，甚至一些消极的、不健康的西方文化也伺机侵入，这给文化领域带来不小的冲击。新媒体由于其相对自由性，因而比起现实世界中来，文化更容易传播渗透，不良文化也更容易滋生肆虐。而所有这些，无疑加大了大学生思想政治教育的难度。

第二，政治环境具有潜隐性。以互联网为代表的新媒体最初在美国兴起，后来在西方国家迅速流传开来。作为发达国家的美国和西方国家喜欢把他们的东西强加给发展中国家，并利用网络的便捷性来宣传他们的政治言论，标榜他们政治制度的合理性和所谓的"民主"，竭力将他们的政治文化、政治理念、政治意识形态等塞给发展中国家，我国也不可避免地遭受到这种压迫。在我国，发达国家的这种做法目的在于降低我们的民族认同感，从意识形态方面侵略我们。近几年，在我国发生的突发性政治事件几乎都与海外网络有关。因此，新媒体的作用不容小觑，无论是政治思想还是意识形态，新媒体的不利影响都会带给我国许多潜在的威胁。由于我国仍然处于社会主义初级阶段，因而在新媒体技术等方面都不太成熟，对信息的控制力与屏蔽能力都十分有限，这就使我国整体处于弱势地位。

第三，舆论环境在一定程度上具有不可控性。新媒体的出现使人们的言论比起以前自由得多，通过新媒体，可以看到无论是哪个阶层、哪个地区，人们都可以相互交流，而且言论范围无所不及，这就使大众传媒对舆论的控制力与监督力受到空前的挑战。由于媒介信息的流动性和随意性，不良信息肆意增生扩散，因而依靠政府的力量来控制新媒体不良信息的流动散布，是一个十分困难的事情，可能暂时控制住某一个事件，但是在别的时刻对于别的事件的发生并不能保证也能及时控制。因而就要依靠法律的力量来进行约束。

第四，理性环境缺乏。通过新媒体人们可以畅所欲言，而且言论不受时间、地域的限制。这就给一些不法分子提供了可乘之机，使许多不法分子蠢蠢欲动，做出一些违背道德伦理的事情，而且同时使一些人患上当下流行的"网络综合症"。现在我们看到许多未成年人因为迷上了网络而辍学，甚至做出一些违法行为，当今青少年犯罪已经不是新鲜的事情。除此之外，由于网络的频繁使用，人与人之间的关系变得越来越冷漠。家庭关系、同事关系、朋友关系因为网络的介入而变得大不如从前，甚至许多家庭因为网络而发生破裂。综上所述，新媒体给整个社会环境带来了安全性的缺失，人变得越来越感性，考虑问题不再周全，理性不在。

第五，伦理环境具有困惑性。许多人看到了新媒体的虚拟性，因而觉得利用新媒体干任何事情都是自由的，这就引发了许多伦理道德问题。随着新媒体的发展，道德相对主义、无政府主义和个人主义也甚为流行和泛滥。因此，人们普遍会错误地认为，在新媒体这个虚拟的自由世界中，自己的所作所为不会被人所知，也不会被轻易看到，更不会因行为不当、不道德而受到舆论的指责，因此，新媒体成为许多人不良思想、不良行为滋生的温床。传统的道德观、价值观、伦理观受到严重的冲击。

正是由于上述新媒体环境的现实问题，因而对于大学生思想政治教育形成了巨大的冲击，增加了大学生思想政治教育工作的难度。

2. 网络话语的解构功能过于强大

大量流行的网络话语，都与传统的话语思维有着很大的差异性，可以说它们都颠覆了传统的政治语言或者社会语言。例如，一些看似寻常的社会事件在微博上受到追捧时，会迅速发生链式反应并在用户中快速扩散和传播，获得持续的关注和舆论反应，最终把网络上的舆论热点变为社会公共舆论热点。"郭美美事件"所受关注的热点由美女、炫富、豪车，慢慢牵扯到社会机构、高官、"富二代"，在网络上掀起一阵阵舆论狂澜。而这些被人们不断联想到的网络热门词汇却是与传统意识形态相背离的。

3. 复杂环境不利于马克思主义的传播

新媒体信息的覆盖面广，内容繁多，由于其自由化和碎片化的特征，使得信息在传播过程中容易发生偏向，导致人们断章取义地引用和理解，歪曲事实真相。例如，在微博上信息真伪难辨，由于把关的缺失，导致微博上充斥着大量直接炮制的假信息，直接影响到社会舆论的客观性。由此可见，媒体信息传播的一系列特性都为反马克思主义理论和反社会主义等一些负面以及别有用心的假信息扩散提供了一种特殊的渠道，对当代大学生的思想产生了恶劣的影响。一些不道德的西方国家以"民主""人权"和"普世价值"为借口，妄想来分裂中国人民的凝聚力，因此，"普世价值"掩盖下的种种违反马克思主义的思维逻辑潮流，极大地考验了大学生思想政治教育工作者的持久毅力和内心意志。

4. 新媒体的发展使人际关系疏离从而不利于大学生思想政治教育

由于新媒体中人们的交往主要是人机对话或以计算机为中介的交流，表面上，人们可以通过 E-mail、QQ、微信、BBS（电子公告板）、IRC（网络实时交谈）、Net-meeting（网络会议）、IPPHONE（网络电话）等方便、快捷的方式交流，这样与古代书信来往相比，大大缩小了实践和距离上的差距，同时也拉近了人与人之间的距离。但事实上，由于每个人都抱着手机电脑去上网，因而也就为现实的人与人之间建立起一道厚厚的屏障。人们在人际交往中变得越来越冷漠，缺乏安全感。

大学生在遭遇了上述问题时，大学生思想政治教育者在与其沟通时，会出现一些障碍，教育者与学生之间如果缺乏精神上的交流与沟通，那么两者在思想、情感和感受上就不可能实现相互渗透。一些学生不愿意打开心扉，使大学生思想政治教育工作难度加大。

5. 新媒体对思想政治教育工作者提出了更高要求

信息社会中，教师的职能虽然还是教书育人，但是与传统教师的具体职能相比已经有了很大的不同。在过去传统教学过程中，教师拥有绝对的知识权，被学生簇拥在讲台中央。而新媒体时代的到来打破了这种传统，学生可以通过新媒体获得渴望得到的知识，而且与教师的讲解比较起来，知识内容更加丰富具体，同时展现知识的方式更加多样化，更加形象化和动态化。这就需要教师不断提高自己的知识水平，不仅要有大量的知识存储，同时要想办法将这些知识用更加生动形象的方式表述出来，这就为教师的思维能力、语言能力以及灵活应对能力提出了相应的挑战。因而，教师要与时俱进，不断提高自己传授知识的能力和技巧，在纷繁复杂的新媒体时代提高适合生存的能力。

新时代高校思想政治教育的创新理路

第一节 新时代高校思想政治教育的崭新平台

当前，以数字化、网络化、智能化交叉融合为主要特征的第四次工业革命正以指数级而非线性速度展开，给经济社会发展特别是思想政治教育带来深刻影响。随着互联网技术、移动通信技术、数字技术等新技术的高速发展，以互联网媒体、手机媒体为代表的新媒体已经渗透到人们社会生活的各个角落。根据中国互联网络信息中心（CNNIC）发布的第47次《中国互联网络发展状况统计报告》，截至2020年12月，我国网民规模达到9.89亿，已占全球网民的五分之一，其中学生网民占21%；互联网普及率达70.4%，高于全球平均水平；手机上网比例达99.7%；即时通信、网络新闻、网络视频用户规模分别超过9.81亿、7.43亿、9.27亿。此外，各种形态的新媒体层出不穷。新媒体在不知不觉中逐渐改变着人们的生活习惯，可以说人类社会已经迈入新媒体时代。

大学生作为年轻富有活力的群体，具有极强的新事物接受能力，成为使用新媒体最为广泛、最为活跃的群体之一。新媒体让每个大学生有了自我学习和发出自己声音的渠道，各种思想碰撞日趋频繁，多元文化的交锋日益明显，新媒体已经成为大学生思想成长的重要载体。学生已成为网民中规模最大的群体，我国3300多万在校大学生中，95%以上都是网民。早在2004年，中共中央、国务院下发的《关于进一步加强和改进大学生思想政治教育的意见》就明确提出要"主动占领网络思想政治教育新阵地""全面加强校园网的建设，使网络成为弘扬主旋律，开展思想政治教育的重要手段"。

2010年教育部社科中心主办的"新媒体技术背景下的大学生思想政治教育"研讨会提出，"互联网信息技术、数字技术、移动通讯技术迅速发展，大学生成为使用新媒体技术最为广泛、最为活跃的群体。在新媒体技术背景下分析大学生的学习、生活特点和成长规律，探索大学生思想政治教育工作，显得十分重要"。

一、新媒体时代大学生思想政治教育的内涵与特点

新媒体（New Media）是相对传统媒体而言的，是继报刊、广播、电视等传统媒体之后发展起来的新的媒体形态。这一概念最先由美国哥伦比亚广播电视网（CBS）技术研究所所长格尔德马克（P.Goldmark）在 20 世纪 60 年代提出。在其发表的一份关于开发电子录像（EVR）的报告中，他把电子录像称为新媒体。1969 年，美国传播政策总统特别委员会主席罗斯托（E.Rostow）在提交给尼克松总统的报告中，也多次使用"新媒体"这一说法。由此，新媒体概念在美国社会逐渐流行起来，并扩展到全世界。近年来，国内外的学者就新媒体的研究逐年增多，关于新媒体的定义以及新媒体概念的运用还存在一些争论和分歧，但新媒体在传播领域所引发的巨大变革，已是学界公认的社会现实。

联合国教科文组织曾把新媒体定义为网络媒体。显然，在现代科技高速发展，新媒体形态日新月异的今天，这种定义已经不能涵盖新媒体的形态。笔者在查阅相关文献时，汇集了多位研究者对新媒体的定义。美国新媒体艺术家列维曼诺维奇（Lev Manovich）认为，所谓新媒体已经不再是任何一种特殊意义上的媒体形式，它在实质意义上已经演变为一组数字信息，一种实现了"所有人对所有人传播"的信息流，或者说一种融合了人际传播和大众传播特点的信息呈现方式。美国雪城大学凡克劳斯贝（Vin Crosbie）认为，新媒体就是能对大众同时提供个性化内容的媒体，是传播者和接收者融汇成对等的交流者，而无数的交流者相互间可以同时进行个性化交流的媒体。

清华大学熊澄宇认为，新媒体是一个不断变化、动态发展的概念："在今天网络基础上又有延伸，无线移动的问题，还有出现其他新的媒体形态，跟计算机相关的，这都可以说是新媒体……今天的新媒体主要指：在计算机信息处理技术基础上产生和影响的媒体形态，包括在红的网络媒体和离红的其他数字媒体形式。"中国传媒大学廖祥忠认为，新媒体是以数字媒体为核心，通过数字化、交互性的固定或移动的多媒体终端向用户提供信息和服务的传播，是所有人向大众实时交互地传递个性化数字复合信息的传播介质。上海交通大学蒋宏、徐剑认为，应结合多项新技术的使用来理解新媒体概念，"新媒体是指 20 世纪后期在世界科学技术发生巨大进步的背景下，在社会信息传播领域出现的，建立在数字技术基础上的能使传播信息大大扩展、传播速度大大加快、传播方式大大丰富，与传统媒体迥然相异的新型媒体""主要包括光纤电缆通信网、都市型双向传播有线电视网、图文电视、电子计算机通信网、大型电脑数据库通信系统、通信卫星和卫星直播电视系统、高清晰度电视、互联网、手机短信和多媒体信息的互动平台、多媒体技术以及利用数字技术播放的广播网等"。

笔者认为，新媒体是相对于广播、报刊等传统媒体而言，主要依托互联网技术、移动通信技术、数字技术等新技术手段向用户提供信息服务，具有数字化、交互性、虚拟态重要特质，动态发展的传播媒介和新兴媒体。这一内涵包含了三个关键要素：以互联网技术、移动通信技术、数字技术等新技术为支撑要素，以微博、微信、博客、手机报等新形式为载体要素，以电脑、手机、平板电脑、数字电视等新工具为终端要素。体现出技术、社会、历史三个层面的综合解读。综合看来，新媒体时代存在以下突出特点。

一是数字化与海量性。上世纪兴起的数字技术把模拟信息变成了二进制语言，数字化就是使用 0 和 1 两位数字编码来表达和传输一切信息的一种综合性技术，即将各种信息全都变成数字信号，在同一种综合业务中进行传输，再通过接收器使其复原。相比于传统媒体依赖于实体空间保存和占用储存空间，在虚拟储存空间和网络带宽的基础上，新媒体能长久性和高密度地储存信息。博客的信息可以长期保存在服务商的服务器中。多媒体技术将图像、声音、视频结合起来。相比传统媒体的传统文本形式，新媒体以多媒体展示、节点为单位的超文本显示，构成表达特定内容的海量信息网络。互联网将全世界的计算机连接起来，形成一个无比巨大的数据库。网络传播的载体是光纤线路，传递速率为每秒 30 万千米，瞬间可达世界各个角落。信息广度和深度，较传统媒体大大提升。在网络上，可以全面和深入地了解一件事情的相关背景并进行深层解读。

二是多元化与交互性。我国当前正处于改革的攻坚期和深水区，社会生活方式、经济结构成分、社会价值观念等呈现多样化发展的态势。一方面，作为一个连接全球、联动中国的信息平台，纷繁多样的信息内容都借助新媒体进行广泛传播，扩大其自身的影响力，信息内容的多元化带来了价值观念的多元化。另一方面，新媒体时代开放性的传播平台和平等性的创造平台，活跃了交往、娱乐和商业形态。新媒体交互性主要体现在人与机器的互动和人通过机器与他人的交流互动两方面。相较于传统媒体的点对面、一对多，新媒体使点对点、一对一的传播成为可能，传播者和接收者的界限模糊。新媒体的交流活动是一种双向的信息交流活动，现在主流的即时通信软件都可以实现文件的相互传送。正如尼葛洛庞帝所说："从前所说的大众媒介正演变为个人化的双向交流，信息不再被推给消费者，相反，人们（或他们的电脑）将所需要的信息拉出来，并参与到创造信息的活动中。"

三是个性化与自主性。新媒体时代以个人为中心，每个人都可以成为一个媒体。每个人既是传播者，同时又是受众。"大众传播的受众往往只是单独一人，信息变得极端个人化。"新媒体的传播特点决定了新媒体的受众获取信息方式是主动的、自主的。因此，新媒体适应受众需求的多样化和受众市场的细分化，能够针对特定用户群的需要提供个性化、专业化的信息服务，使得用户可以根据自己的喜好或需求选择定制信息。每个信息终端在网络中都分配到一个固定的地址，如 IP 地址、电子邮箱地址、手机号码、QQ 号码等。这些具有唯一指向性的地址，方便了信息传播者特定信息的传播，也方便了受众通过新媒体发布和接受完全个性化的信息。

四是匿名化与虚拟性。新媒体的出现扩大了人类信息传播的地理范围，借助连接全球电脑的互联网，完全打破了地理区域的限制。互联网将全球网民拉入了同一个"地球村"，网民们在这个虚拟空间内，成立各种社区、论坛和组织。传播者和受众的角色大部分是虚拟的，交流双方对彼此的信息都是未知的。大学生在虚拟的世界里真实表达自己的情感，从传统媒体的面对面到新媒体的键对键。手机短信、网络等信息传播途径本身比较开放，信息编辑者和发送者可以匿名进行编辑发送，甚至利用各种软件，可以方便地修改文本、图片、声音、影像，制作逼真的虚拟信息。比如数字电影中的特效、数字动画，这些都是通过数字技术对真实世界进行模拟而完成的。

新媒体自产生之日起，因其技术的快速发展、商业价值的不断挖掘以及对人类生存的全方位影响，使其每一阶段都打上浓厚的历史印记。

首先是技术化阶段，新媒体技术出现于 20 世纪中后期，以计算机的发明和网络技术的应用为最主要的标志。1946 年首台计算机 ENIAC 在美国诞生，为新媒体技术的发展和新媒体时代的到来提供了基础。1969 年，互联网的雏形 ARPAnet 出现在美国。1983 年，传输控制协议／网际协议（TCP/IP）成为互联网上的标准通信协议，全球互联网正式诞生。1984 年，首台手机由美国摩托罗拉公司研制。随着科技的发展，数字技术的诞生和发展使电话、电脑、电视走向融合，其运算、通信、信息储存功能被发现和运用，而对学校教育可能带来的影响只是少数人的预测。

其次是商业化阶段，1991 年，在连接互联网的计算机中，美国的商业用户首次超过了学术界用户。从 20 世纪 90 年代中期，互联网进入中国起，我国新媒体开始逐步发展。1998 年至 1999 年，商业门户网站涉足网络新闻领域，对以往的信息传播格局产生了巨大冲击。由于技术的不断革新和完善，各种媒体都努力推出自己的广告模式，新媒体已成为营销者的必争之地。由于商业的压力，弱化了对公益目标和公共责任的追求。同时，对于短期利益的过度追求，也使得高质量的公共言论空间成长受阻。这一阶段对学校思想政治教育的影响十分明显。

最后是现今的社会化阶段，以微博的产生为标志，新媒体的运用、普及成为不可逆转的时代潮流。传播渠道趋向社会化网络，随着全球一体化进程的加快，世界各国的经济、政治和文化联系越来越密切。三网融合的发展提高了网络资源的利用率，使人们更加方便、快捷地使用文字、语音、数据、图像、视频等多媒体综合服务。以门户网站、网络论坛（BBS）、社交网络（SNS）、微博、微信、抖音、bilibili（哔哩哔哩）为代表的互联网新媒体，以智能手机为代表的手机新媒体，以数字电视、移动电视为代表的电视新媒体已经融入社会生活的各方面，新媒体全面走向自媒体、全媒体、互媒体和动媒体的集合。新媒体的发展所带来的社会信息化已经成为社会发展进步的体现和标志，大学生思想政治教育完全融入新媒体时代。

二、新媒体时代对大学生思想政治教育的深刻影响

行为科学认为，人的行为是外部环境因素和内在生理、心理因素共同作用的结果。恩格斯指出，"一切以往的道德论归根结底都是当时的社会经济状况的产物"。当前大学生思想政治教育所面临的前所未有的机遇和挑战，主要来自大学生意识的变化、科技的进步和社会的转型。然而大学生意识的变化是由社会变化所决定的，这是马克思主义社会存在决定社会意识理论的要义所在。因此，大学生思想政治教育社会环境的改变必然影响大学生思想政治教育的成效。

（一）新媒体时代对大学生生活行为方式的影响分析

从新媒体时代对大学生生活方式的影响方面看，生活方式是在一定社会形态中人们的物质生活和精神文化生活的方式和行为习惯的总和。马克思曾经说过"个人怎样表现自己的生活，他们自己就是怎样"，一个人的生活方式决定着他的思维方式，生活方式的变化直接或间接影响着人的思想意识和价值观念。随着信息技术的迅猛发展，新媒体时代大学生的交往、消费、休闲等都呈现出不同于以往的特点，新媒体普遍被大学生运用于社会交往中。特别是"80后""90后"独生子女较多，没有兄弟姐妹的大学生运用新媒体拓展了他们的交往空间。因为新媒体的匿名化和虚拟性，减少了来自其他个体和社会因素的干扰，大学生可以在网上畅所欲言，有利于大学生建立更加广泛的人际关系。而长期沉迷于虚拟世界的交往与交流，自然就会减少其参加现实世界活动的时间。有别于现实生活中的人际交往，新媒体时代的匿名化和虚拟性契合了人们希望表达真实情感又惧怕受伤的心理。由于在互联网上得到情感认同或满足，有些大学生在心理上对网络具有强烈归属感和依赖感，热衷于虚拟交往而疏远了现实中的人际交往，造成了人际交往障碍：在网络上是交流高手，熟练使用网络语言与许多陌生人打交道；而在现实中却沉默寡言，甚至害怕与

他人进行交流。

大众文化产品消费过程是西方对我国进行意识形态渗透的重要渠道。文化作为一种生活方式，其渗透可以造成一种意识形态的接受机制，使主体进入一种无意识接受的环境。西方国家把意识形态嵌入在西方的影视、音乐光盘、游戏软件等大众文化产品中，这些文化产品具有新、奇、特的视听审美形式，对大学生具有很大的吸引力，在消费过程中通过大学生的感知体验，开启对意识形态进行渗透的机制，使大学生形成一种完全开放的意识形态接受心理机制，从而使他们抛弃心理束缚，自觉地接受大众文化艺术内涵的意识形态理念，进而在乐陶陶的享受中无意识地就受到西方意识形态的影响。长期接受西方大众文化的熏陶，大学生就会在生活中自然地表现出带有西方文化烙印的思维方式和行为方式。

由于新媒体具有提供大众休闲娱乐、满足精神生活的重要功能，进行休闲娱乐已成为当代大学生使用新媒体的主要目的之一。一方面新媒体的强大视听交互功能使大学生生活丰富多彩；另一方面商业化不良的诱惑驱使分辨力、自制力不强的大学生们深陷其中，不能自拔，身心健康受到严重影响。

传统意义上的学习是指大学生在教师指导下在特定时间、特定地点进行的学习。新媒体时代，大学生的学习方式已经超越了这种传统的学习方式。新媒体为大学生学习提供了广阔的平台，优质教育资源为全体大学生所共享，突破时间、空间、身份限制，使个性化的学习成为可能。

大学生正处于认识客观世界的关键时期，有强烈的求知欲。新媒体内容的数字化和海量性更是激发了大学生的学习兴趣，为大学生的自主学习和自我提升提供了良好途径。借助互联网和手机等新媒体，大学生可以通过网络课程、视频公开课等途径随时随地进行学习。数据显示，以高校学生为主要服务对象的中国大学视频公开课的三个网站，推出一年多时间内，总页面访问量近49亿次，课程总访问量达4768次，评论有63396条。大学生能通过新媒体的信息共享方便快捷地了解所学专业领域最前沿的知识与信息，通过网上论坛等途径与更多人进行交流讨论，建构专业知识结构，更能开阔视野，拓展知识面，学习和掌握专业领域之外的知识。

新媒体时代，网络搜索是学生获取信息数据的重要途径。新媒体在信息获取方面的便利性和资源的共享性为大学生带来了新难题。通过搜索引擎查阅资料完成作业，不仅造成依赖性，还降低了独立思考能力。部分大学生照搬照抄，导致了学风不正和考试舞弊等现象。少数大学生沉迷于新媒体娱乐中，不知不觉中浪费了宝贵的学习时间。同时受市场经济逐利性的影响，部分大学生把追求分数和技能当作唯一目标，忽视知识的积累储备，丧失探究本质的学习冲动。

从新媒体时代对大学生价值取向的影响方面看，大学生正处在成长的阶段，心理、思想都还不成熟，极易受到外界因素的影响，新媒体具有隐蔽性高、传播力强等突出特点，潜移默化地影响着大学生的价值观念。新媒体能够提供丰富、及时的信息，使象牙塔内的大学生能更全面地了解国内外重大时政要闻、热点事件，为宣传党和国家的路线、方针和政策提供良好平台。新媒体培养了大学生关注时事的好习惯，增强了大学生自身的政治敏锐性和判断力。正面的舆论报道和榜样人物，可以在网络上迅速走红。与此同时，网络谣言也能吸引大学生的极大关注。大学生正值人生观、价值观成型的关键时期，新媒体传播中的一些不良文化容易误导一些辨别能力较弱的大学生。对于传统的报刊等旧媒体，宣传文化管理部门容易进行严格的审查，过滤不良信息，传播先进的思想和优秀的文化；而微博、微信等新媒体形式的开放性和共享性增强了传播的自由性，这就增大了宣传文化部门进行审查的难度。

随着我国对外交往方面的扩大和各方面改革的深化，西方发达国家的一些先进成果正逐渐被我国吸收，随之而来的急功近利、贪图享乐、拜金主义等一些消极思想观念也泛滥开来。新自由主义、西方新闻观、历史虚无主义等错误思潮也借助新媒体制造影响，一些非法组织或个人在网上发布或传播恶意攻击党和政府的反动言论以及质疑改革开放、质疑中国特色社会主义、扰乱社会政治经济发展的不良信息，宣传反科学、反理性、反伦理的迷信思想和颓废情绪等，这些混淆是非、良莠不齐的信息利用新媒体提供的虚拟空间，诱导以多重身份展现自己的大学生，摆脱社会规范和道德伦理的限制滑入错误的泥潭。

（二）新媒体时代对大学生思想政治教育模式的影响分析

新媒体时代对大学生思想政治教育理念的影响。在新媒体时代的今天，高校学生的生存环境发生深刻变化，高校与社会之间的围墙，象征性开始大于实质性。由于新媒体空间是一个以多元文化为代表的自由空间，具有高度开放性和自主性，使虚拟空间的交流不可能像现实思想政治教育一样去评判事物，从而使传统思想政治教育的马克思主义"一元主导"和思想政治工作"教师主体"的理念受到新媒体多元环境的强烈冲击。因此，新媒体环境下，大学生思想政治教育要与新媒体时代相适应，必须牢固树立发展、引导、服务和平等的理念，坚持尊重为本、育人为要，肯定学生的主体性地位，尊重学生的发展特点和人格个性，坚持渗透、开放、法制和正面原则，充分信任学生，增强大学生思想政治教育工作的趣味性、渗透性、亲和力、感染力，努力实现大学生思想政治教育的具体化、人性化、时代化。

新媒体时代对大学生思想政治教育内容的影响。从教育内容来看，传统的思想教育内容主要来源于报刊、书籍、课堂、电视等，以经典著作、政策文件为主，这些内容往往具有信息量小、涉及面窄、传播相对滞后，影响了高校思想政治教育的效果。新媒体时代超大的信息容量和及时的传播速度，使教育的内容不但全面丰富，而且具有可选择性和客观性，从而使原本封闭狭窄的高校思想政治教育空间变成了全社会、开放性的教育空间。新媒体时代到来之前，思想政治教育工作者掌握的知识和技能比学生多，因而处于主动地位；大学生由于知识与信息掌握上处于劣势，在教育活动中处于被动地位。而在新媒体时代，大学生接收信息的渠道超越了原有的书本、课堂，进而可以方便快捷地从网络上获取大量思想政治教育信息，客观上弱化了思想政治工作者的信息优势，严重削弱了思想政治工作者的主导地位。一些大学的思想政治教育内容陈旧，没有紧跟时代的步伐进行更新，脱离了大学生的现实学习生活和时代需要。教师不可能再像过去那样，被看作某种知识的唯一拥有者，他只需传授知识即可；从某种意义上说，他成了集体知识的合作伙伴，他应果断地站在变革的前列，对这种知识加以重组。教师应该从一个教育者转变成管理者、研究者、设计者。

新媒体时代对大学生思想政治教育手段的影响。从教育手段来看，传统思想政治教育以教师为主导、以书本为纲领、以课堂为中心，同时辅助谈话、讨论、讲座、课外活动、社会实践等其他形式，覆盖面窄、受教育者少、针对性差，思想政治教育容易止于浅表层次，难以细致入微。由于手段的局限性，这种教育方式强调教育者的权威，是"我讲你听"的单向性过程。这种单纯输入的手段在新媒体时代容易让受教育者产生不信、不服的逆反心理。大学生不再轻易接受教育者的单向灌输，并质疑思想政治教育工作者的权威性。而在新媒体时代，微博、论坛、即时通信工具使高校思想政治教育冲破传统教育方式的时空限制，把文字、图像、声音、动画等表现手段融入思想政治教育之中，使思想政治教育在一个图文并茂、情景交融的情境里进行，手段的改变随即把原本枯燥、单调、抽象、复杂的思想教育变为生动、形象、具体、简单的展示过程，极大丰富了思想政治教育的表现内涵，大学生思想政治教育步入双向互动的轨道，从而使受教育者的体验、思辨、选择得到重视。新媒体既可以进行个别辅导，又可以进行统一教学，还可以两者结合，受教育者能充分发挥主动性，选择个人自学、同学讨论或是老师辅导。因此，通过新媒体，大学生可以借助数字电视、互联网等新媒体形态打破地域和时间的限制，随时随地获取所需的知识和信息，而不必拘泥在规定的时间到固定的场所接受思想政治教育等传统方式。通过文字、图片、视频等相互交流方式，更加方便快捷地发布具有个性化的信息，把教育内容迅速传递给大学生，使思想政治教育更直接、更形象、更深人、更具体。

三、新媒体时代大学生思想政治教育的对策思考

揭示新媒体的内涵特点，分析新媒体时代对大学生的深刻影响，目的在于以此为前提，运用思想政治教育社会化、人的全面发展以及社会存在与社会意识关系等思想政治教育领域的前沿理论，由此及彼、由表及里，提出新媒体时代大学生思想教育的新策略、新方法，推动大学生思想政治教育适应新媒体时代的新变化、新环境，从而提高高校思想政治教育的针对性和实效性。

（一）着力加强新媒体时代思想政治教育工作队伍建设

思想政治教育工作队伍是加强和改进新媒体时代大学生思想政治教育的组织保证。面对新媒体时代大学生思想政治教育的新情况、新挑战，建设起以政工干部为主体、青年教师为补充、学生干部为辅助，专兼结合、齐抓共管的高校思想政治教育队伍刻不容缓。

打造新媒体时代高校专职思想政治教育工作队伍迫在眉睫。新媒体时代，大学生强烈的好奇心和对新鲜事物的认同感，使他们成为新媒体最早的接收者和使用者。而思想政治教育工作者却往往处于信息劣势的境地，缺乏接受新生事物的敏锐性。因此，思想政治教育工作者要有敏锐的眼光，及时捕捉影响大学生思想行为的信息，就必须具备良好的教育背景、开阔的世界视野、全面的媒介素养，了解并熟练使用新媒体，才能够与思维活跃的大学生进行良性互动沟通，对大学生开展有效的思想政治教育。

学生党员、学生干部是新媒体时代大学生思想政治教育队伍不可缺少的组成部分。中共中央、国务院《关于进一步加强和改进大学生思想政治教育的意见》（中发〔2004〕16号）强调指出："要高度重视大学生生活社区、学生公寓、网络虚拟群体等新型大学生组织的思想政治教育工作，选拔大学生骨干参与学生公寓、网络的教育管理，针对新媒体使用、传播中出现的不良苗头，招募组建既有良好的思想政治素质又有过硬的信息网络技术的高校网监志愿者队伍，发挥大学生自我教育、自我管理的积极性和主动性，增强思想政治教育的实际效果。"

（二）全面开展高校媒介素养教育

媒介素养又称媒体素养，是指人们获取、分析、评价和传播各种媒体信息的能力以及

使用各种媒体信息服务于个人的工作和生活的能力。媒体素养教育，就是指导人们理性认知并积极主动地享用传媒，有组织、有系统、有计划、有目的地培养人们全面解读、批判和运用传媒信息进行参与式、互动式交往的能力。通过这种教育，培养人们对健康信息的道德判断意识和认知能力，使其能够充分利用媒介资源完善自我，参与社会发展。在新媒体时代，这种教育应当成为每个教育者和大学生的终身追求。一方面，身处新媒体时代的思想政治教育工作者是大学生思想政治教育的主导者，其媒体素养直接关系到思想政治教育的成败。提高高校思想政治工作者的媒体素养成为目前十分紧迫的任务，要尽快对教育者的新媒体技术知识和运用能力作出相关规定，提出明确要求，建立专业化新媒体技术培训基地，做到教育者先学一步，率先提高媒介素养教育。另一方面，作为思想政治教育对象的大学生是信息时代新媒体教育的主体，其媒介素养的高低直接影响思想政治教育的实际效果。当代大学生是未来社会文化精英的受众群体之一，"开展大学生媒介素养教育的目的就在于培养其批判性地接受媒介信息的能力、独立思考的能力以及利用媒介为社会服务的能力"。促进大学生全面了解现代传媒技术，树立网络信息是非观念，学会合理安排自己的传媒生活及事务，建立起与传媒的良性互动关系，防止大学生因缺乏现代媒介相关知识，管中窥豹，以偏概全，将媒体中出现的一些个案问题视为普遍常态问题。

要建立高校媒介素养教育体系。国外的媒介素养教育起步较早，我国在这方面相对滞后。目前，我国高校除新闻学相关专业有课程涉及媒介素养教育外，其他专业基本不涉及。高校可以通过公共选修课或者讲座等方式，普及媒介素养基本知识，从整体上提高大学生媒介素养水平。设立媒介素养研究机构，为开展媒介素养教育提供理论支撑。复旦大学率先成立的媒介素养研究中心就是很好的示范。中共中央、国务院《关于进一步加强和改进大学生思想政治教育的意见》（中发〔2004〕16号）指出："高等学校思想政治理论课是大学生思想政治教育的主渠道，思想政治理论课是大学生的必修课，是帮助大学生树立正确世界观、人生观、价值观的重要课程，体现了社会主义大学的本质要求。"利用好思想政治理论课这一主渠道，将媒介素养教育融入思想政治理论教学中。充分利用新媒体技术，将文字、声音、图像等元素融于一体，应用于思想政治理论课程教育实践中，不断增强理论教学的吸引力和感染力，提升高校思想政治教育实效性。

（三）建立健全思想政治教育监管体系

党的十八大报告明确提出，"加强和改进网络内容建设，唱响网上主旋律。加强网络社会管理，推进网络规范有序运行"。新媒体时代，全面加强思想政治教育监管体系，就是要运用技术、行政、法律等手段，系统构建一整套适应新情况、解决新问题的监管机制。

建立健全舆情监控机制。为了确保新媒体时代思想政治教育的良好效果，应当加强对网络舆情的收集整理，增强工作的主动性和前瞻性，防患于未然。过去大学生所接触的信息主要源于报纸杂志等传统媒体，其内容经过层层把关。然而，在新媒体时代，一人一机的开放式的信息接收方式，需要将关注点放到大学生常用的网络平台，加强对新媒体信息的收集、分析、整理，及时处理不良信息。同时根据新的情况，明确相关校园规定和纪律。

建立健全监管责任机制。"全面加强校园网的建设，使网络成为弘扬主旋律、开展思想政治教育的重要手段。要运用技术、行政、法律手段，加强校园网的管理"，发挥高校组织、宣传、教务、学工等机构的系统整体协同功能，构建思想政治教育监管体系的大机构、大队伍。把新媒体监管职责作为高校思想政治教育的总目标之一，相关工作分解到各不同职能部门，根据不同部门职能性质，侧重完成某一方面的工作，彼此联系，互为补充。注重用系统的思想来规划部门之间的分工与协作，真正实现各部门的协同共进，切实增强高校思想政治教育的联动责任。

建立健全沟通反馈机制。健全的监管体系不能忽视信息的及时反馈。意见表达与反馈是思想政治教育者与大学生进行双向交流、双向互动的纽带，它有助于教育者检验教育效果，改进和优化下一步的教育内容、教育形式和教育手段。因此，只有增强沟通反馈意识，重视主体的意见表达，建立健全反馈机制，才能消解轻视主体意见表达及反馈环节不健全所形成的思想政治教育价值实现的障碍。同样地，在思想政治教育过程中，只有通过沟通反馈机制建设，教育者才能认识到反馈的重要性，建立畅通的沟通反馈渠道，积极听取受教育者的意见，掌握受教育者对信息的接受程度，然后作出相应的调节和改变，使下一步的教育输出更具有针对性。也只有如此，受教育者接受思想政治教育的积极性才能提高，思想政治教育的价值才能实现。

（四）科学搭建思想政治教育新平台

长期以来，传统思想政治教育把课程教学作为开展教育活动的主要手段，辅以座谈、实践活动、竞赛等手段来开展，思想政治教育平台载体在承载、传导思想政治教育内容信息方面发挥着不可替代的作用。随着新媒体时代的到来，将新媒体作为大学生思想政治教育工作的新平台载体，开展多样化的思想政治教育，可以充分发挥"润物细无声"的教育效果。

搭建社会化教育新平台。高校应当以传统思想教育平台载体为基础，以新媒体为主导，最大限度地发挥各类平台载体的互补作用。"全社会都要关心大学生的健康成长，支持大学生思想政治教育工作，宣传、理论、文艺、出版等方面要坚持弘扬主旋律，为大学生思想政治教育营造良好的社会舆论氛围。各类网站要牢牢把握正确导向，主动承担社会责任。要主动占领网络思想政治教育新阵地，积极开展生动活泼的网络政治教育活动，形成线上线下思想政治教育的合力。"

开辟立体化互动新平台。学校、家庭、社会都是大学生思想政治教育的重要渠道，在实际生活中，它们每时每刻都在影响着生活在其中的大学生。有关资料显示，近年来网民中使用手机上网比例逐年提升，台式电脑上网比例逐年下降，移动互联网成为主流趋势。截至 2020 年 12 月，我国网民规模达到 9.89 亿，互联网普及率为 70.4%，手机网民规模达 9.86 亿，网民中使用手机上网的人群比重达 99.7%，手机稳居第一上网终端地位。这为家庭、社会有效融入新媒体时代高校思想政治教育提供了技术支撑。这就需要打破学校作为思想政治教育主阵地的单一模式，开辟大学生、家庭、社会与学校四位一体协同作用的系统立体模式，即构建家庭注重道德人格与行为养成的教育，学校注重处理个人与他人及社会和谐关系的价值观、世界观教育，社会注重思想道德行为践履和思想道德理想弘扬的公德教育这三类教育并行的立体化目标层次体系。

构筑网络化教育新平台。目前学校思想政治教育网站存在的问题是内容相对单一，形式比较单调，对学生吸引力不大。要打造校园新媒体平台，必须开辟新媒体虚拟空间与现实空间相结合的思想政治教育新途径。同时加强对 QQ、微博、微信、抖音、bilibili（哔哩哔哩）等新媒体平台的使用，推动红色微博、红色网站、红色 QQ、红色电子杂志进入网络主渠道，把中华民族伟大复兴的中国梦作为当前大学生思想政治教育的重要主题，通过新媒体转化为图、文、声、像的形式，对大学生进行全方位、个性化、多维度的思想政治教育，思想政治教育者应摒弃过去纯粹通过课堂"灌输式"手段进行思想政治教育的方式，积极采用新媒体寓教于乐的"渗透式"方式，变单向教育为双向交流，努力实现大学生的自由全面发展。

（五）研究借鉴西方国家有效经验

"思想政治教育，作为思想教育、政治教育、道德教育的总称，作为人类的育德活动，是普遍存在的，只不过在不同时期、不同民族、不同国家概念不同而已。"思想政治教育作为一种社会实践活动，普遍存在于阶级社会的一切国家和一切历史时期，各个国家对其称谓名目纷繁。如英国、美国和法国进行"公民教育"或"公民道德教育"，德国、加拿大进行"政治教育"，新加坡进行"生活教育"，日本则进行"道德教育"，等等。这些教育虽名称各异，但其本质就是国家占统治地位的阶级，力图通过各种形式的思想政治教育来灌输其意志，使其社会成员形成符合统治阶级意志的思想道德素质，以此来巩固统治阶级的统治，这是我们借鉴西方国家先进经验时必须始终把握的基本观点。

美国最擅长运用新媒体进行"公民教育"，他们以新媒体时代的潮流领导者自居，选择最强大的传播媒介24小时全天候播出，时刻影响美国人的生活，大肆宣扬美国的政治制度和价值观念，塑造"美国精神"。各种优选的视频资料也被广泛应用于美国学校公民教育课程中，对青少年的思想政治教育起到很好的效果。日本利用动画片传递民族文化、推动青少年社会化，对世界观、人生观、价值观的形象表达解释起到重要作用。

西方国家的思想政治教育无论叫法为何，其实质均可归纳为注重大学生的责任教育、宗教教育和隐蔽的政治教育，将理论知识与社会实践相结合，实施多途径的灵活性教育。开放式的课堂教育模式，运用网络等多种手段，培养了大学生的社会责任感、爱国主义精神。如美国公民教育的核心在于培养合格的美国公民，通过公民教育，众多来自不同国家和民族的移民被成功塑造为合格的美国公民。公民教育是实现公民政治社会化的重要途径之一，人的社会化的核心目标就是增强人的社会适应性，是人的全面发展的基础之一，这与大学生思想政治教育具有目标的一致性。国外这种渗透性和隐性的思想品德和道德素质教育体系，虽然指向性特别明确，但是没有固定的模式和框架，主要根据受教育者的实际情况来施教，具有一定的隐蔽性、自然性、间接性，因此在实践中能起到一种潜移默化的作用。

第二节　新时代高校思想政治教育的骨干力量

辅导员是高校思想政治教育的骨干力量。培养德智体美劳全面发展的中国特色社会主义合格建设者和可靠接班人，重点在队伍，关键是教师。"思想战线上的战士，都应当是人类灵魂的工程师。在中国特色社会主义的新时代，在社会主义精神文明建设和整个社会主义建设事业中，他们在思想教育方面的责任尤其重大。"全球化的背景，网络化的社会，已使世界连为一体。思想政治教育工作者必须具备过硬的政治素质，开阔的世界视野、全面的媒介素养，才能对大学生开展有效的思想政治教育。因此，培养一支具有政治理论水平、熟悉思想政治工作规律，掌握新媒体传播知识和技术的高校专职思想政治教育工作者队伍迫在眉睫。习近平总书记多次指出，高校党组织要切实把加强青年教师队伍思想政治建设作为高校党建工作的一个重大而紧迫的问题来抓。面对新时代大学生思想政治教育的新情况、新挑战，建设好高校辅导员这支高校思想政治教育重要队伍刻不容缓。

一、高校辅导员队伍面临的机遇与挑战

高校辅导员是高校思想政治工作队伍的重要组成部分，是大学生思想政治教育的骨干力量。大学生思想政治教育能否有效开展，与高校辅导员队伍建设的成效有着紧密的联系。习近平总书记在全国高校思想政治工作会议上指出："长期以来，高校思想政治工作队伍兢兢业业、甘于奉献、奋发有为，为高等教育事业发展作出了重要贡献。要拓展选拔视野，抓好教育培训，强化实践锻炼，健全激励机制，整体推进高校党政干部和共青团干部、思想政治理论课教师和哲学社会科学课教师、辅导员班主任和心理咨询教师等队伍建设，保证这支队伍后继有人、源源不断。"近年来，高校辅导员队伍建设取得了较好成效。在中国特色社会主义进入新时代的宏观背景下，高校辅导员队伍建设面临着新的机遇与挑战，需要不断适应新形势、研究新情况、解决新问题。

高校辅导员地位作用有了新定位。2016 年 12 月，全国高校思想政治工作会议在北京召开。翌年，中共中央、国务院印发了《关于加强和改进新形势下高校思想政治工作的意见》对高校思想政治工作作出了全面部署，从加强和改进新形势下高校思想政治工作的重要意义和总体要求、强化思想理论教育和价值引领、加强教师队伍和专门力量建设、推进高校思想政治工作改革创新等方面提出了明确要求。高校辅导员作为思想政治教育教师队伍和专门力量的重要地位角色进一步确立。2017 年 12 月，教育部印发了《高等学校思想政治工作质量提升工程实施纲要》，提出要一体化构建内容完善、标准健全、运行科学、保障有力、成效显著的高校思想政治工作质量体系，形成全员、全过程、全方位育人格局。高校辅导员如何融入构建与一流高校建设和一流学科教育相适应的工作体系，在培养担当民族复兴大任的时代新人中发挥重要作用有了更明确的定位。

高校辅导员队伍建设提出新要求。2017 年，教育部以教育部令形式颁布新修订的《普通高等学校辅导员队伍建设规定》，即教育部第 43 号令。新修订的《普通高等学校辅导员队伍建设规定》着眼于建设一支适应新时代高校思想政治形势需要的专业化、职业化辅导员队伍，对高校辅导员队伍建设中的要求与职责、配备与选聘、发展与培训、管理与考核等若干基本方面做出了新的明确规定。教育部第 43 号令提出，高校要坚持把立德树人作

为中心环节，把辅导员队伍建设作为教师队伍和管理队伍建设的重要内容，整体规划、统筹安排，不断提高队伍的专业水平和职业能力，保证辅导员工作有条件、干事有平台、待遇有保障、发展有空间。如何贯彻落实《普通高等学校辅导员队伍建设规定》，构建高校辅导员能力提升、职业发展和考核评价等工作体系，激发高校辅导员队伍内生动力，加强能力建设、作风建设，增强职业认同感和归属感，是高校辅导员队伍建设的重中之重。

高校辅导员工作对象呈现新特点。当前"00后"逐步进入大学，"00后"作为新媒体时代的"原住民"，与上一代大学生在思想行为方面存在代际差异。在新媒体时代，高校辅导员工作也呈现出新的特点。从时间精力的投入看，在微信、抖音、bilibili（哔哩哔哩）、QQ、微博等各类新媒体平台上，辅导员全天候、随时随地可以对学生开展教育工作，及时掌握学生的思想动态，第一时间解答学生的问题和疑惑，帮助学生走出误区、摆脱困惑。这使得新媒体时代的高校辅导员的工作客观上具有一定隐蔽性，需要辅导员凭借自身职业道德自觉自愿地真心投入。从知识技能的储备看，面对新媒体提供给高校辅导员的海量信息，辅导员需要通过网络等新媒体主动学习，全面了解掌握政治、经济、社会和文化等领域的最新知识和动态，增加自身的知识储备，完善自身的知识体系。否则面对一些前沿的新知识和新动态，极可能陷入学生知道、辅导员却不甚了然的尴尬局面，进而挑战辅导员的教育权威，影响新媒体时代的思想政治工作效果。

高校辅导员社会环境发生新变化。面对世界百年未有之大变局的时代背景，经济全球化的曲折发展，政治多极化的世界格局，社会网络化的复杂形势，以及价值多元化的社会现象使高校辅导员无论政治素质、专业素养还是工作能力都面临严峻的挑战。各种社会思潮的相互激荡、意识形态领域的斗争博弈，都会在高校辅导员和大学生中产生连锁反应，中国共产党为什么"能"、马克思主义为什么"行"、中国特色社会主义为什么"好"等一系列重大思想政治之问，需要高校辅导员坚定理想信念，打牢专业基础，增强履职能力，针对大学生的认识程度从理论高度和实践角度上给予科学的回答。此外，新媒体时代需要辅导员有更高精神境界的追求。新媒体上各种思潮交流碰撞，一些错误的价值观念也会对辅导员的政治信仰造成干扰，甚至让一些辅导员自身出现思想困惑、信仰迷失、理想淡漠。面对复杂的舆论环境，辅导员必须坚定信仰，才不会动摇精神支柱。随着经济的发展和社会的进步推动高校辅导员思想政治教育方式方法改革创新，以适应不断变化的形势。

面对难得的发展机遇和严峻挑战，高校辅导员队伍建设还存在以下问题。

高校辅导员职业发展路径不够明确。尽管国家颁布了支持辅导员队伍建设的政策，明确规定辅导员是高校教师队伍和管理队伍的重要组成部分，吸引了一些优秀人才从事辅导员事业。但是一些高校辅导员选拔标准不够明确，辅导员入职后培训体系不够健全，造成辅导员岗位的入岗匹配度不高，不能适应新媒体时代对于辅导员的客观要求。部分高校对辅导员工作配套支持政策不足，对于新媒体环境下高校辅导员职业能力培养与辅导员晋升、职称评聘、进修深造等关系辅导员队伍可持续发展的问题重视程度不够，辅导员队伍建设和发展的政策往往得不到真正落实。客观上造成了辅导员职业地位和职业公信力不高，广大师生对辅导员工作的职业认同感不强，辅导员找不到往纵深发展的职业路径，积极性受到挫伤，职业认同感降低，缺乏提升职业道德的动力。

高校辅导员双线晋升的政策亟待调整优化和细化落地。有学者研究发现，高校辅导员双线晋升发展路径存在悖论，"名义上提供双重机会的双线晋升政策，因与辅导员的工作特征不相匹配，实质上变成了辅导员晋升的双重困境"。还有研究认为，"辅导员'双线'晋升仍存在'上热、中温、下凉'的情况，政策执行不到位、连续性不足、系统性不强等问题依然比较突出"。

辅导员岗位能力素质不够全面。面对新媒体时代的大学生，部分辅导员的职业素质出现了不匹配、不适应的状况。我国正处于经济发展的新常态和改革开放的攻坚期，社会价值观念呈现多元化发展的态势。多个连接全球、联动中国的重要新媒体平台迅速成长壮大，纷繁多样的信息内容都借助这些新媒体平台进行广泛传播，扩大其自身的影响力，信息内容的多元化加剧了价值观念的多元化。新媒体时代开放的传播平台和平等的话语体系，对传统高校思想政治教育话语体系构成冲击，对辅导员岗位能力素质提出更高要求。大学生正处在社会化关键阶段，心理、思想易受到外界因素的影响，新媒体在潜移默化中影响着大学生的价值观念。部分辅导员缺乏与时俱进的知识结构、教育理念和创新思维，对大学生进行教育与引导的理论基础和职业能力不足，无法满足当代大学生身心发展的需要。

辅导员新时代思想政治工作的亲和力和针对性有待提升。辅导员思想政治教育工作顶层设计尚需完善，在构建一体化育人体系，实现全员、全过程、全方位育人中，辅导员如何将思想政治教育的基本原理变成生动道理的方式方法还有待创新，开展理想信念教育的时代感和感召力有待提升。辅导员在社会主义核心价值观培育和践行中的工作路径尚需持续深入推进。

辅导员职业培训体系不够健全。按照教育部第 43 号令关于辅导员工作职责的要求，不少高校都构建了辅导员队伍培训培养体系，开展入职培训、在岗培训和网络培训等多样化的培训，实现了辅导员培训全覆盖。但从实际效果和辅导员的反映来看，由于受师资力量、差异化需求和工作内容多学科性等多重因素影响，聚焦辅导员职业化发展、着眼于工作实际需要的体系式、系统化培训体系不够健全，辅导员自身在培训中获得感不足。部分辅导员反映，他们面对多样化的学生思想引领、个性化的学生发展需求和常态化的安全稳定工作，存在着能力不足、"本领恐慌"等现实困境，他们期待高校构建体系式、系统化和分层次的培训培养体系。

辅导员考核评价机制不够完善。近年来，国家教育行政部门虽然出台了不少有关教师职业道德建设方面的文件，但在高校贯彻落实中，缺乏针对辅导员群体的具体制度和措施，没有针对新媒体时代辅导员岗位特点来建立行之有效的辅导员职业道德评价、考核和激励约束机制。辅导员实际工作主要围绕大学生思想政治教育和日常学生事务管理展开，新媒体是工作开展的重要载体，但由于工作内容灵活性较强、工作过程较为隐性等特点，高校对辅导员职业道德缺乏行之有效的考核评价，制度建设滞后，工作机制不完善。在日常管理中，重视辅导员业务素质和工作技能的提升，针对职业道德的过程管理却较少。在岗位考核中，缺乏科学的量化指标来评价辅导员职业道德状况，从而使日常管理和岗位考核等手段没有发挥应有的导向作用，没有对辅导员职业道德水平做出客观公平的考核评价。

辅导员思想引领聚焦不足。大学生思想政治工作新形势、新任务、新要求对辅导员提出了新的更高要求，辅导员工作内容不断拓展，就业指导、创新创业服务、心理健康教育、形势政策教育等新领域成为辅导员的重要工作内容，加之工作规范化、精细化要求不断提高，安全稳定任务更加艰巨，甚至还要承担非职责范围内的学生事务服务工作。但无论如何不能忽视大学生思想引领这一主职主业，无论如何不能弱化辅导员的政治属性，应始终把政治建设放在辅导员队伍建设的首要位置，辅导员相对专业教师最大的不同就在于他们是一支具有较高政治素养的专职思想政治教育骨干力量。弱化政治属性，过于繁杂的事务性工作，导致难以有足够的时间和精力开展有针对性的思想引领工作，大学生政治教育、思想启迪、信念塑造和价值观培育还需聚焦聚力。

辅导员队伍结构优化机制比较欠缺。目前大部分高校已建设了一支专兼职结合、数量充足的辅导员队伍。但在职业化、专业化、职称结构和兼职队伍建设等方面还存在一定的问题，如专职辅导员流动较快，需要统筹解决好优进、优出和优留的问题；辅导员职称评审天花板现象一定程度仍然存在，具有中级及以上职称的辅导员占比偏小；兼职辅导员来源较为单一，稳定性不强、作用发挥不够。统筹解决辅导员流动过快，构建队伍结构优化的长效机制亟待解决。

以上这些高校辅导员队伍建设中的问题都值得引起重视，要坚持价值导向、问题导向和目标导向的有机统一，采取有效举措进行解决。

二、高校辅导员队伍的政治建设

着力提高辅导员政治素养。高校辅导员的神圣使命要求提高政治素养。高校辅导员是高校育人主体的重要组成部分，是大学生成长成才的人生导师和健康生活的知心朋友，肩负着立德树人，把大学生引导成为又红又专、德才兼备、全面发展的中国特色社会主义合格建设者和可靠接班人的光荣职责。对大学生开展思想政治教育，引领他们树立坚定正确的政治方向，坚定理想信念，努力成为中国特色社会主义事业的合格建设者和可靠接班人，理所当然是辅导员的基本任务。高校辅导员履行好大学生政治思想引领者的角色定位要求其自身必须具备良好的政治素养。高校辅导员的天然属性要求提高辅导员的政治素养。高校辅导员一职从其诞生之日起，就被赋予了政治属性，是一支既携带红色基因又体现时代特色的思想政治工作队伍。政治辅导员是高校辅导员的最初称呼，思想理论教育和价值引领是高校辅导员的首要职责，鲜明的政治属性是高校辅导员的根本特征，这就要求高校辅导员不忘初心，始终把政治品格的锤炼放在首位，提高政治站位，增强政治能力。高校辅导员所处的复杂环境要求提高辅导员的政治素养。高校历来是意识形态争夺的重要阵地，大学生历来是各种错误思潮渗透的重要群体，面对错综复杂的国际环境，面对百年未有之大变局，针对境内外敌对势力加紧对我国进行意识形态渗透，以及新自由主义、历史虚无主义、西方"宪政民主"对高校的严重干扰，高校辅导员政治素养直接关系着高校思想政治工作队伍的质量和大学生思想政治教育的效果。

高校辅导员肩负着高等学校学生日常思想政治教育和管理工作的组织者、实施者、指导者的重大责任，建设一支新时代政治过硬的高校辅导员队伍势在必行。建设一支新时代政治过硬的高校辅导员队伍必须坚定政治信仰，夯实理论基础，提升政治领悟力。政治信仰是政治方向、政治立场、政治观点、政治态度等方面的综合反映。

建设一支新时代政治过硬的高校辅导员队伍必须把准政治方向，强化党性锤炼，提升政治鉴别力。随着高校辅导员选拔标准的统一和规范，高校辅导员队伍已逐步打造成一支主要由党员组成的思想政治教育先锋队。这样，作为高校管理干部的辅导员队伍实质上已具备高校党员干部队伍属性，且因其年纪相对较轻又是高校中青年党员干部队伍。

建设一支新时代政治过硬的高校辅导员队伍必须强化政治担当，坚持问题导向，提升政治判断力。问题就是时代的声音，历史总是在不断解决问题中前进的。坚持问题导向是马克思主义的鲜明特点，我们党领导人民干革命、搞建设、抓改革，都是为了解决我国的实际问题。党的十八大以来，各项事业取得历史性成就，大学生思想政治教育产生显著效果，其中一条很重要的经验就是坚持问题导向，把解决实际问题作为打开工作局面的突破口。高校思想政治教育的历史和现实充分表明，不同时期总有属于它自己的问题，只要科学地认识、准确地把握、正确地解决这些问题，就能够把大学生思想政治教育不断推向前进。高校辅导员只有不断提高解决实际问题的能力，在实践中锤炼本领，才能更好地为实现新时代高校立德树人的崇高使命不懈奋斗。

第三节　新时代高校思想政治教育的重要载体

志愿服务是以培育和践行社会主义核心价值观为导向，通过实践习得、氛围熏陶等形式，促进大学生全面发展的重要实践育人形式。大学生通过志愿服务走进社区、走进农村、走进基层，加强了对国情、民情和社情的了解，增强了家国情怀，累计志愿服务时间为22.68亿小时。全国所有的省（区、市）、273个市（地、州、盟）、2700个县（市、区、旗）和2000多所高校都建立了青年志愿协会等志愿服务组织，实名注册志愿者超过7000万人。积极主动参与志愿服务逐渐成为大学生的生活风尚。分析大学生志愿服务的内涵及特点，发挥志愿服务对高校思想政治教育的重要作用，以志愿服务为载体助推高校思想政治教育创新发展是新时代高校思想政治教育的重要课题。

一、大学生志愿服务的内涵及特点

志愿服务的形成源于人类文明的历史发展，现代志愿服务起源于19世纪初西方国家宗教团体的慈善服务。我国志愿服务虽起步晚，但发展较快。自20世纪60年代毛泽东号召向雷锋学习的志愿服务萌芽阶段，到20世纪70年代后期志愿活动和志愿者在我国开始出现，再到1993年共青团中央启动中国青年志愿者行动计划，我国现代志愿服务活动如火如荼地展开，有规章制度、有组织管理的志愿服务普遍开展起来。

志愿服务的核心是志愿精神，主体是广大志愿者。团中央《中国注册志愿者管理办法》将志愿服务定义为志愿者组织、志愿者服务社会公众生产生活和促进社会发展进步的行为。丁元竹认为，志愿精神是一种不为报酬而自愿参与推动社会进步和社会发展的公民精神、社会责任和生活品质，是个人对生命价值、社会、人类和人生观的一种积极态度。志愿者是指一种基于道德、良知和社会责任等因素，自愿奉献个人时间和精力，为社会无偿提供服务的人。祝灵君认为，志愿精神是一种积极的人生态度，是现代公民社会的核心精神，它包括五个方面内容：志愿服务的基础是互助和自助，核心是慈善和为他人服务，本质是参与，前提是独立与自治，结果是倡导运动。

中央文明委《关于深入开展志愿服务活动的意见》指出，志愿服务"体现着公民的社会责任意识，是人们自觉为他人和社会服务、共同建设美好生活的生动实践，是现代社会文明程度的重要标志，是新形势下推进精神文明建设的有效途径"。

志愿服务是社会发展进步的明显标志。习近平总书记指出"志愿服务是社会文明进步的重要标志"。进入21世纪以来，志愿服务发展迅速，涉及范围更加广泛，形式内容更加多样。在新世纪的志愿服务发展进程中，2008年、2020年分别是两个重要时间点。2008年，"5·12"汶川大地震发生后，全国各地志愿者参加抗震救灾和灾后重建，其中高校志愿者发挥了积极作用，充分展现了一方有难、八方支援的可贵精神。在这次从事应急抢险救援的志愿服务过程中，也暴露出了志愿者缺乏突发性自然灾害专业性知识、缺乏持久性和连续性等问题。同年8月，北京奥运会成为我国志愿服务发展的重要节点，170万志愿者参与北京奥运会赛会志愿服务，用真诚微笑和优质服务向世界展示了中国青年的担当作为，赢得了广泛赞誉。

志愿服务基于自愿原则，不受外界强制，志愿者主动自觉参与、服务社会，具有自愿性。这就要求志愿服务尊崇志愿者本意，在志愿者充分了解志愿服务价值、功能、目的前提下，切实了解志愿服务的深刻内涵，真正弄清志愿服务带给社会和个人的具体影响，深入思考何种志愿服务需要何种能力和知识，如实评价志愿服务各相关方，自觉控制志愿者自己的行为。从而体现出一种不为外力胁迫的自由意志，让志愿服务成为具有独立人格、尊严、意志的人们自主选择身份的结果。

志愿服务以社会公益为基点，倡导奉献和利他精神，具有公益性。志愿服务是"以志愿求公益"的高尚事业，是指在不求回报的情况下，不以物质报酬为目的，利用自己的时间、技能等资源，自愿为国家、社会和他人提供服务，为改善社会公益，促进社会进步自愿付出个人精力所作出的服务工作。志愿服务是社会成员基于社会责任感、使命感，在公权力之外动员社会资源，主动维护公共利益，满足公共需求，提供公共产品，优化或重建社会关系与结构，解决或改善社会问题的行为。志愿者通过参与志愿服务，使自己的能力得到提高，同时也促进了社会的进步。既表现为社会物质利益的整体提升，又体现在社会精神境界的整体升华，奉献是志愿服务精神的精髓，利他是志愿服务的伦理特征。

志愿服务以服务他人和奉献社会为宗旨，不受利益驱使，不以营利为目的，具有无偿性。志愿服务有成本，志愿者无报酬。"志愿者在志愿服务中付出时间、劳动、智力等，是不能获取报酬的，但为此付出的交通等成本，是可由志愿服务组织、服务对象或企业，通过补贴的方式来帮助志愿者分担，也可通过提供保险、培训学习等方式，给予志愿者一定回报或保障。志愿服务成本既可由志愿者组织方、志愿者、志愿服务对象独自承担，也可由多方共同承担。""无偿性的特征使其彻底摆脱了雇用劳动关系的束缚，志愿者与其劳动服务是内在统一的，志愿服务不是商品，而是志愿者通过自身劳动回归人的本质属性的一项自愿积极行动。""使得货币丧失了其抽象的遮蔽作用，志愿者可以通过参与志愿服务充分表达和践行自己的价值信仰和道德理念。""通过让人们亲身参与社区事务和提供面对面的服务，志愿服务能缓解日益官僚化的生活所导致的非人格化；通过提供不以个人支付能力为条件的服务，志愿服务能够修正日益商品化的社会中的重商主义。"

志愿服务体现人与人之间的互动，以及志愿者组织与外部协调，具有组织性。志愿服务是一种新型的社会动员、社会参与方式，领域宽、渠道广、影响大，有赖于信息、资源、条件和环境等诸多元素的集合，需要通过构建相互的信任、支持与合作才能实现集体目标。"志愿服务不是志愿者个体劳动的集合，而是众多志愿者为了实现同一目标而共同开展的一项集体行动。""志愿服务必须不断建构一个开放合作的行动系统，才能确保成员共同目标的实现。"由此可见，基于志愿者的行为主体能力，实现人与人、人与资源、人与规章制度等的有效配置、衔接和协调是志愿服务的显著特征。

二、志愿服务对高校思想政治教育的重要作用

志愿服务促进了大学生全面发展，能更好地实现高校思想政治教育的目的。思想政治教育以促进每一个个体的自由和全面发展为旨归。思想政治教育"是教育者与受教育者根据社会和自身发展的需要，以正确的思想、政治、道德理论为指导，在适应与促进社会发展的过程中，不断提高思想、政治、道德素质和促进全面发展的过程"。志愿服务是在没有任何物质报酬的情况下甘愿贡献自己的时间和精力的活动，目的就是帮助他人和促进社会进步。"志愿服务的兴起和发展，是人类有意识地挣脱原有社会形态的桎梏、追求自身全面发展的积极表现。同时，志愿者也会作为一种变革力量，通过人们广泛参与志愿服务活动，深刻影响整个社会的文化、思想和观念，改变人的行为取向，最终造就新的社会形态。"志愿服务以人的全面发展为目标，注重自觉自愿、力所能及，体现参与者的主观能

动性，是大学生喜闻乐见的实践形式。志愿服务将理论教育与社会实践相融合，志愿精神与专业学习相融合，凸显大学生专业优势。在志愿服务过程中，大学生常常会被其他志愿者和被服务对象所感染，这些多样的情感体验丰富了大学生的道德情感，将外在的道德规范积极转化为内在的道德修养，进而在潜移默化中提高大学生的道德认知水平。开展志愿服务也有助于大学生人际沟通能力、交往能力和组织协调能力的提升，在与服务对象的对话中锻炼语言表达能力，在志愿服务的项目策划中提高组织协调能力。

志愿服务能有效提高大学生社会责任感，有助于增强高校思想政治教育的效果。根据国家所制定的国民教育目标，大学生社会责任感培养属于高校思想政治教育范畴，社会责任感在思想政治教育中被视为积极的情感态度，是责任主体在无任何条件约束下自觉地对国家、集体、他人承担起应当的责任的情感体验，是现代公民应尽的职责。恩格斯指出"一个人在他握有意志的完全自由去行动时，他才能对他的这些行为负完全责任"，志愿者在志愿服务过程中不会被限制在既有的制度和规范结构中，而是在行动中主动思考、积极建构可行的合作秩序，在充分自由的基础上实现集体行动的目标，这就在最大程度上激发和鼓励了志愿者的道德自觉性、自律性和责任感，具有较高社会责任感的大学生能自觉地提升自身的人文素养。志愿服务是一项服务他人的事业，具有鲜明的社会性，在服务中突出了道德教育。正如哲学家沃尔泽所言，"对公共事务的关注和对公共事业的投入是公民美德的关键标志"。大学期间是学生成长的关键时期，也是大学生与社会融合的适应期。以志愿服务为载体，使在校大学生能有机会直接接触社会、融入社会，触动社会发展脉搏，了解社会对他们的期待和要求。志愿服务的过程培育了大学生美德，强化了大学生的社会认同，激发了大学生的互助意识。"奉献、友爱、互助、进步"的志愿精神蕴含着深厚的人文思想，体现着对人的生存发展的关注，体现着志愿者对生命价值和人类社会的一种积极态度。大学生在服务他人、奉献社会的同时，传递爱心、传播文明，加深对社会的认识，体会助人的快乐和成就感，形成对自我价值的认知，找到实现自我的社会价值，得到了精神的提升。精神的付出与富足是大学生参与志愿服务最大的回报。志愿服务为提高思想政治教育成效提供了重要载体，志愿服务基于实践活动带动认识层面的升华，能够较为全面系统地为大学生提供思考个人与他人关系的社会场景。在参与活动的过程中，将所接受的社会责任感教育落实到行动当中，大学生社会责任感的培养不再仅停留于理论灌输的单一渠道，从而使思想政治教育形式更为具体、灵活、丰富和具象化。

志愿服务拓展大学生成长空间，提供了推进高校思想政治教育的平台。党的十九届五中全会要求"健全志愿服务体系，广泛开展志愿服务关爱行动"。志愿服务坚持以关爱他人、奉献社会为重点，积极搭建扶贫救灾、环境保护、敬老救孤、文化支教、恤病助残、健身指导等形式多样的平台，大学生的社会活动空间得以空前拓宽，志愿服务在应急救援管理、规范社会行为、彰显生命价值、推进教育公平、扩大交流合作、促进身心健康方面正在发挥着不可替代的社会治理作用，思想政治教育也为志愿服务的顺利开展提供重要保障。志愿服务的实践成果充分说明，作为大学生多渠道、宽领域参与社会实践的志愿服务，具有丰富的思想政治教育价值，"志愿服务中充分实现思想政治教育的凝聚功能、激励功能、导向功能和协调功能，需要正确思想的引领，需要建立和完善激励机制，需要明确志愿服务的方向和要求，需要推进志愿服务信息化、标准化建设"。志愿服务在拓展自身空间的同时，为思想政治教育提供新的平台和载体，志愿服务与高校思想政治教育实现双向促进和有机融合。人是环境的产物，成长环境与活动空间对大学生人文素养培育至关重要。志愿服务作为当今我国大学生参与面最广、参与程度最高的社会实践性活动，也被越来越多的国家和人民所接受和倡导，成为全世界范围内大学生的共同追求。精心设计的志愿服务项目立足校园，服务社会，让大学生走出校园，在实践中自然扩展了大学生活动的空间，延伸了大学生成长的路径。在城市，大学生深入社区为老年人、残疾人、失业人员等社会困难群体和个人提供了精神上的关爱和实在的帮助，促进形成了互助友爱、和睦融洽的城市社区人际环境。在中西部农村，大学生促进了中西部地区的经济社会发展，改善了当地的科技、文化、教育、卫生等发展状况，并在缩小东部和中西部地区的经济社会发展差距方面作出贡献。在环境保护等领域，大学生志愿者的积极行动，增强了社会公众主动参与节能减排、保护环境的意识。

三、以志愿服务为载体助推高校思想政治教育创新发展

充分挖掘志愿服务先进典型，为高校思想政治教育创新发展树立标杆。党的十八大报告提出："广泛开展志愿服务，推动学雷锋活动、学习宣传道德模范常态化。"志愿服务先进典型道德高尚，是时代道德的先行者。大力培养志愿服务先进典型、充分挖掘先进典型的感人事迹能为大学生人文素养培育提供宝贵的精神财富和道德标杆。应紧扣时代主题，宣传志愿文化，弘扬志愿精神，采用传统媒体和新媒体相结合的方式，利用志愿文化宣讲、志愿项目比赛、志愿成果展示等形式，对先进事迹、优秀志愿者的专题宣传片、志愿画册、志愿文集、志愿展览、主题宣讲、文化产品等阶段性成果进行转化，宣传优秀志愿者，挖掘动人的志愿故事，推广金牌志愿服务项目，发挥榜样带动、激励感召、引领吸引的典型示范作用。

精心设计志愿服务活动项目，为高校思想政治教育创新发展营造氛围。随着中国特色志愿服务的不断发展，新时代志愿服务领域日益拓宽，以项目为依托，以满足服务需求为导向，精准选择服务内容、科学设计服务活动，充分提升志愿服务效能，使志愿服务活动项目更加精细多样，"在项目发布前，要进行充分的调研，了解服务对象的需要，以需求为导向开展相关项目。项目发布后，要及时跟进项目，了解项目的开展情况，科学管理，保障项目的实施效果。项目结束后，要总结经验，对项目开展的相关情况和具体效果进行检查，积累经验，保证项目的高质量和高效益实施"。志愿服务活动的项目化，是营造高校思想政治教育改革创新社会氛围的有效途径。思想政治教育氛围是指在思想政治教育过程中，为实现教育目标、达到教育目的、传授教育内容，教育者根据教育内容的需要和当时的场景所营造出的有利于发挥思想政治教育有效性的气氛和情调。这个氛围旨在调动受教育者的积极性，发挥受教育者的创造性，从而实现教育者所预期的目标。紧跟时代发展需要，精心设计志愿服务项目，有利于全社会形成关注志愿服务、弘扬志愿精神的良好氛围，让参与志愿服务逐渐成为一种校园风尚，进而成为当代大学生的生活习惯和人生态度，使高校思想政治教育收到多方期待的良好效果。

切实加强志愿服务积累传承，为高校思想政治教育创新发展提供动力。志愿服务作为体验式的社会实践育人活动，实现了思想政治教育方式由知识传授型向参与体验型转变。大学生志愿服务活动具有丰富的思想教育内涵，既是一项社会实践活动，又是一种社会化、大众化、人文化的教育方式，具有服务他人、教育自我的育人功能，需要持之以恒，长期坚守。《公民道德实施纲要》指出，公民良好道德习惯的养成是一个长期、渐进的过程，离不开严明的规章制度。志愿精神融入社会生活、让更多人参与到志愿服务中是不断推进志愿服务制度化的落脚点。

四、高校辅导员队伍建设的若干举措

严格规范辅导员准入标准。《普通高等学校辅导员队伍建设规定》就辅导员的基本条件提出明确要求，首要条件就是"具有较高的政治素质和坚定的理想信念，坚决贯彻执行党的基本路线和各项方针政策，有较强的政治敏感性和政治辨别力"；职业道德建设必须建立在从业人员具有一定的职业能力的基础上，否则，职业道德就无从谈起。因此，把好准入关是加强新媒体时代高校辅导员职业道德的基础。思想政治教育工作具有自身的规律和特点。新媒体时代的大学生思想活跃，需求日趋多元，新媒体颠覆了大学生获取信息的方式，各类新媒体平台上思想碰撞日趋频繁，文化交锋日益明显，在不知不觉中对大学生的价值观念、思想意识、行为方式产生了不可忽视的影响。"三年一个小代沟，五年一个大代沟。"辅导员必须具备新知识、新技能，拥有开阔的眼界视野、复合的知识结构，具有良好的人文素养，才能创新工作方式，与学生无代沟地沟通交流，在轻松愉悦的环境中引导学生的思想成长。

要制定明确严格的辅导员准入标准，选拔政治强、业务精、纪律严、作风正，具备思想政治教育工作相关学科的宽口径知识储备，具有较强的组织管理能力：语言文字表达能力、教育引导能力、调查研究能力和运用新媒体开展工作能力的辅导员，进而提高辅导员职业道德水平。一是优化辅导员整体结构。将辅导员队伍建设纳入学校教师和干部队伍建设规划，进一步优化专职辅导员队伍结构，坚持优留和优出相结合，鼓励和支持表现优秀的辅导员职业化专业化发展，建设一支初级、中级和高级比例合理的专职辅导员队伍。二是积极探索破解职称评审难题。2017年华中农业大学出台了思想政治教育系列职称评审办法，从两年实施情况来看，辅导员符合职称评审的人数增幅明显。高校将进一步突出业绩导向和育人实效，把握辅导员岗位差异性，优化辅导员职称评审条件。同时也将进一步实施科研能力提升计划，引导辅导员围绕工作开展实践研究，提升调查研究能力。三是加强兼职辅导员队伍建设。进一步拓展选聘视野，鼓励和支持优秀的青年教师、青年干部担任兼职辅导员，出台《兼职辅导员选聘管理办法》，规范选聘、管理、道德的养成。职业道德建设也是一个道德的自我提升、自我发展和自我完善的过程，必须通过辅导员对职业道德修养的不断提升，做到学为人师、行为世范，承担起育人职责。

要完善现有的辅导员培训体系，与新媒体时代相适应。在具体落实上将职业道德摆到突出位置，贯穿到辅导员培训的各个环节。将辅导员自我学习与组织培训相结合，日常培训和专题培训相结合，业务知识进修和专业知识培训相结合，不断提高辅导员的职业道德水平。一是加强辅导员队伍培训顶层设计。将辅导员队伍培训纳入学校教师队伍培训整体规划，给予经费保障、学历提升、专题研修和出国出境交流等全方位、系统化的支持。二是优化辅导员培训培养体系。建立体系式、系统化和分层次的辅导员培训培养机制，坚持需求导向、目标导向和问题导向相统一，注重供给侧和需求侧相统一，实现线上自学和线下培训相结合、理论学习和实践研究相结合。加强培训内容设计和培训方式创新，构建辅导员自学、互学、问学、践学和领学等全方位、立体化的职业能力提升体系。实施辅导员队伍与思想政治理论课教师协同育人计划，支持和鼓励辅导员承担思想政治理论课教育教学任务。加强实践锻炼和实操培训，开展案例分享、专题沙龙，推出一批辅导员名师工作室。

进一步健全辅导员考核机制。辅导员职业道德的发展是一个由他律向自律转化的过程，是一个不断提高完善的过程，高校对辅导员道德考核和评价要制度化、规范化，体现出新媒体时代对辅导员职业道德的要求。党的十八大报告针对努力办好人民满意的教育这一战略任务，强调加强教师队伍建设，提高师德水平和业务能力，增强教师教书育人的荣誉感和责任感。高校辅导员是高校教师队伍的重要组成部分，是大学生思想道德建设的指导者和引路人。要结合时代特点，新媒体时代辅导员工作的实际情况，建立健全高校辅导员职业道德考核评价机制，全面考察辅导员职业道德修养状况。还应充分发挥考核评价结果在辅导员职业生涯发展中的作用，向职业道德高尚的优秀者倾斜，将考核评价结果与辅导员职称评聘、提拔任用、教育培养等紧密结合起来，激励辅导员不断夯实自身职业道德基础。一是强化辅导员互联网思维。推动思想政治工作传统优势与信息技术高度融合，创建"互联网＋党建""互联网＋思想政治教育""互联网＋心理咨询"的新平台、新模式，依托"易班"中心建设各类平台，打造辅导员网络思想政治新阵地。二是加强网络思想政治专项能力建设。举办网络思政专题研讨和新媒体技术实操培训班，提升辅导员建网、用网、管网能力。以辅导员为主体，建设一支优秀的网络宣传员、网络评论员、网络咨询员、网络管理员队伍。三是完善网络工作激励机制。落实将网络文化作品纳入职称评审成果统计以及科研成果奖励，将网络思想政治教育效果纳入辅导员年度考核。每年开展优秀新媒体、优秀原创产品和先进个人评选。

辅导员作为大学生思想政治教育工作的骨干力量，工作压力大，工作投入大，"5+2""白＋黑""365天在岗"是他们工作的常态，工作任务量和工作时间超饱和是常态，所以要从政策和待遇上给予关心、爱护。教育部第43号令第十六条指出："应根据辅导员的工作特点，在岗位津贴、办公条件、通讯经费等方面制定政策。"但在实际操作中有一定的难度，应当根据不断发展变化着的工作环境进一步细化政策条文，使学校出台和制订辅导员相关的规定时有明确的政策依据。

进一步加强辅导员职业道德建设。《公民道德建设实施纲要》将职业道德定义为："所有从业人员在职业活动中应该遵循的行为准则，涵盖了从业人员与服务对象、职业与职工、职业与职业之间的关系。"《高等学校辅导员职业能力标准（暂行）》明确提出："高校辅导员是履行高等学校学生工作职责的专业人员，要经过系统的培养与培训，具有良好的职业道德。"高校辅导员职业道德作为在一定时期高校辅导员开展大学生思想政治教育所应遵循的行为规范和所需具备的道德品质的总和，是调节辅导员与大学生、辅导员与大学相互关系的行为准则。随着互联网技术等新技术的不断高速发展，以互联网媒体、手机媒体为代表的新媒体已经渗透到社会生活的各个角落。新媒体已经成为高校辅导员开展日常工作的重要载体。运用大学生喜闻乐见的新媒体平台开展网络思想政治教育，了解大学生身心状态，与大学生沟通交流已经成为辅导员工作的常态。高校辅导员作为高校育人工作的重要力量，其职业道德对大学生成长起着至关重要的作用。新媒体时代对高校辅导员工作而言既是机遇也是挑战，高校辅导员职业道德建设日趋重要。

职业道德具有鲜明的时代性，结合当前时代发展的主要特点，研究高校辅导员职业道德建设应注重：①在新媒体时代，加强高校辅导员职业道德建设，把职责同道德义务、良心等道德感情结合起来，可以提高辅导员职业道德修养和职业荣誉感，增强辅导员队伍的战斗力；②在新媒体时代，辅导员职业道德是高校师德师风建设的一部分，加强辅导员职业道德建设将促进高校教师整体道德风范的不断优化；③在新媒体时代，辅导员的职业道德对大学生思想政治素质、道德素质乃至人文素养的养成具有直接而深远的影响，关系到高等教育人才培养的质量。

第三章

"互联网 +"视域下的高校思想政治教育

基于互联网在各行各业的广泛应用,信息传播的速度显著加快,信息传播的范围已触及世界的各个角落。互联网以其独特优势为高校思想政治教育提供了强大支持。随着"互联网 + 政治教育"模式的逐步建立,高校思想政治教育应积极应对互联网带来的不良影响,把握互联网环境中的有益因素,加大互联网对思想政治教育的推力,促进高校思想政治教育内容、形式、载体的创新,打造健康、有序的校园网络环境。

第一节　"互联网 +"视域下高校思想政治教育创新的内涵与意义

一、"互联网 +"时代高校思想政治教育的一个重要发展趋向

互联网技术为高校思想政治教育提供了开放的教育平台,从而提升了高等院校思想政治教育在教育主体和教育客体上的平等性与交流互动性。其一,教育主客体面对同等的互联网技术和新媒体环境,他们在获取信息资源的渠道方面是平等的,体现了互联网时代资源共享的平等性,因而师生双方都拥有获取同等信息资源的权利,这种权利所具有的对等性在高校思想政治教育中体现为教师能够获取的资料,学生也同样能够获取。但师生双方在看待问题的视角上存在一定区别,这是由教师和学生不同的阅历造成的。大学生朝气蓬勃,充满青春气息,他们以自身独特的视角和立场来看待问题和认识世界;而教师阅历深厚,他们看待问题的视角自然不同于青年学生。其二,"互联网 +"时代,高校思想政治教育主客体的表达渠道是平等的,师生双方都以互联网技术为依托来发表意见和观点,他们在沟通和交流过程中表现出平等的对称性。通常情况下,除了特殊权限的设置,师生双方的交流具有开放性和平等性,任何一方都不具备更优先的发言权,双方之间构成了一种平

等的参与。基于这种师生双方表达渠道上的畅通与平等，互联网时代下教师与学生之间的距离得以缩小，同时双方也获得了更多的交流机会和更便捷的交流方式，挣脱了面对面、电话和书信等传统交流方式的束缚，而在互联网平台上实现了交流与互动。博客、微信、微博等交流平台的创建和广泛使用，为师生的交流与互动提供了便利条件，有助于广大教育工作者及时掌握学生的思想动态，并且为其开展思想政治教育提供了重要参考。

二、思想政治教育手段更具灵活性和多元性

"互联网+"时代，高校思想政治教育的另一发展趋向就是教育手段更具灵活性和多元性。作为互联网技术和数字化技术的应用载体，互联网媒体的实践方式呈现出鲜明的多样化特征。在互联网技术和新媒体技术的支撑下，高校思想政治教育获得了更为丰富的表现形式，进而促使思想政治教育手段更加多元化。高校思想政治教育的创新与变革要求教育工作者探索多种教育手段，这也成为增强思想政治教育感染力和教育效果的必要方式。

当前，对于高校思想政治教育手段的研究与探索已经取得一定进展，思想政治教育手段逐渐呈现出灵活性和多元化的特征。在高校思想政治教学过程中，一些教师根据教学的实际需要，播放与课程内容紧密相关的图片、视频资料等，同以往单一而刻板的口授教学方式相比，这种教学手段有助于增强教学内容的说服力和感染力，是课堂教学的有效辅助手段。网上提交作业和批改作业是互联网与教育相结合的一种特殊表现形式，这一举措既省去了收发作业的烦琐工作，也有利于教师及时对学生作业进行批注，同时学生也能够及时了解个人的作业完成质量。师生还可以在博客、微博、播客等平台上展开讨论与交流，便于教师为学生答疑解惑、掌握学生的思想动态。这些教育教学手段的运用，突破了固定授课地点和时间的限制，为师生双方的交流与互动提供了便捷渠道，同时也有助于建立平等、民主的新型师生关系。

基于互联网而创建的教辅专区也是高校思想政治教育的一种重要手段。互联网技术是创建教辅专区的技术支撑和必要前提。教师可以将自己的教学课件或与教学内容相关的重要资料传至一定的网络空间，既可以是公共邮箱，也可以是微信公众号，并且随时更新教学资料；还可以以 App 的形式创建习题库，为学生提供与教学内容相关的题目，便于学生根据自身的时间安排来复习与巩固课堂教学内容，同时便于教师检测其学习效果，并且进行教学反馈；高校思想政治教育工作者可以借助互联网创建"论坛中心""心灵家园"等各种互动社区，引导当代大学生关注社会热点、焦点问题，提升他们对社会问题或某些特殊社会现象的认识能力。

三、"互联网+"社会主义核心价值观教育

核心价值观其实是一种德。国无德不兴，人无德不立。一个没有统一核心价值观的国家是无法前进的。我国是一个多民族、多人口的大国，把涉及国家、社会、公民的价值要求融为一体并且建立由全民族认可的共同的核心价值观是至关重要的，它可以使民族更加和谐团结、人民更加幸福安康、国家更加繁荣昌盛。因此，经过综合分析和多方面考虑，我国提出要倡导富强、民主、文明、和谐，倡导自由、平等、公正、法治，倡导爱国、敬业、诚信、友善，积极培育和践行社会主义核心价值观。

（一）当前大学生培育和践行社会主义核心价值观存在的问题

1.爱国主义情怀有所偏差

国家安定是全国人民得以生存的物质基础和精神条件。因此，一个国家如果社会不稳定、人民不团结、经济不发展，那么国家中的个人是没有办法进步的。爱国是每个人都应当自觉履行的责任和义务。拥有爱国主义精神是一个大学生的基本素养，虽然目前大多数学生有崇高的爱国主义情怀和为国奉献的精神，但部分学生对爱国的理解仍存在偏差。

其一，国际形势风云变幻，国与国之间的关系错综复杂，国内改革的进程虽呈现跨越式发展，但也面临着诸多艰难和坎坷。部分大学生在看待国际国内形势时，有时缺乏客观、冷静、辩证的心态，对国家缺乏信心，从而会产生一些消极的观点，甚至作出一些超越法律框架的行为。其二，爱国成为流于表面的口号，缺乏实际行动。一些大学生懒惰、懈怠，沉迷于享乐和安逸的生活，进取精神不足，学习、实践都提不起劲，没有爱国的实力，何谈爱国。

2.敬业精神呈现弱化

对于在校大学生来说，学习是大学生的主业，可部分大学生对于学习缺乏热情。究其原因，在高考之前都认为学习是最好的选择，所以把时间都花在了学习上，但进入大学之后，就变得无规划、无目标、无动力，大学学习的课程究竟在社会上有没有用、哪些知识和技能有用，都是不明确的；努力之后的效果如何也不得而知，因此部分大学生陷入了迷茫和懈怠。

而毕业之后的大学生缺乏敬业精神的原因，也在于没有目标。很多人在大学所读的专业都是自己在不了解的情况下稀里糊涂选的，或是调剂的，或是听说就业好选的，或是长辈帮助选择的。而真正思考了自己的兴趣、优势，并结合目标职业来综合考虑、选择专业

的学生寥寥无几。上大学后，发现专业不是自己的兴趣所在，因此上课不用心、考试应付、成绩一般。如果在大学期间也没有通过参加丰富的实习、实践活动来锻炼能力、发现自我兴趣、形成自我价值观，在找工作的时候，又受到先就业、后择业观念的影响，就会很随意地选择工作。因为是随意选择，因此没有以认真的态度去工作，由此导致的结果就是跳槽，寻找下一份工作。如果依然没有方向，对待第二份工作时仍是同样的态度，就还会不断跳槽。

3.诚信观念待进一步提高

简历注水、不诚信应考、故意拖欠学费是当前大学生诚信观念不高的主要表现。考试作弊是当前大学学风建设的一个阻碍，部分学生上课迟到、早退、不认真听讲，甚至还有些同学把逃课当成了习惯，这些同学未牢固掌握专业知识，就寄希望于作弊。而那些平时上课表现良好，课下复习比较认真的学生，为了争取奖学金、三好学生、入党、保送研究生等机会，有的也会作弊。作弊带来的最严重后果就是让人变懒，它让你的侥幸心理无限膨胀，这对青年人的心理发展来说，起到了很坏的影响。

1999年国家助学贷款出台时，教育部提出了"不让一个贫困生失学"的口号，这项政策使众多贫困家庭的大学生受益，但是，这项圆了贫困学子大学梦的好政策，却面临着还贷率不高的危机。部分接受助学贷款资助的贫困生掉入了诚信"陷阱"。助学贷款依靠的是教育部门的"信用担保"，以及大学生的"道德资源"。目前在大部分高校中，新生在入学时会专门设立"绿色通道"，让交不起学费的贫困大学生先入学再交费。如果接受了国家助学贷款的学生到毕业时不能按期偿还助学贷款，个人信用系统将自动记录违约情况，它将会对借款人今后申请住房、汽车等贷款以及办理信用卡造成影响。可是，即使在此种情况下，依然有学生违背诚信精神，不按期还款。若大学生不能及时还款，助学贷款制度的可持续发展将会受到影响。

当今社会中，大学生就业市场差，就业压力大，部分大学生为了能在就业大军中脱颖而出，顺利找到工作，在求职过程中伪造、作假。有的学生想方设法伪造三好学生、优秀学生干部等证书，或者给自己安排班长、学生会主席、学生会部长等虚假头衔，甚至有的学生还编造了自己的校内外实习、实践经历。虽然在面试中，有的用人单位可以识破真相，可仍有部分名不副实的毕业生，凭借虚假的荣誉、经历，被用人单位录用，影响了社会的公平竞争。而社会上的诚信氛围也存在一些令人堪忧的问题，大学生暑期实习竟然可以在互联网上买到实习证明，并承诺可盖章、可回访。这种情形的出现，一方面，是由于不好找到实习单位；另一方面，是由于大学生对于实习的应付心态，所以才产生了开虚假实习证明的需求，导致了一些人以此作为赚钱的方式。

4.友善意识有待提升

在大学期间，学生与学生之间关系处得如何，关系到他们心情的舒畅。然而，"90后"学生的自我感很强，考虑自己更多，考虑别人较少，因此，在处理与舍友的关系、与同学的关系时经常显得不成熟，时常发生矛盾和争执。在宿舍中，谁来做房间的清洁、作息不一致等问题凸显，搞小团体、排斥其他人、搞恶作剧、捉弄别人等现象层出不穷。还有的学生有很强的优越感，高高在上，看不起他人；有的学生则比较自卑，不合群，较少参加集体活动，越来越边缘化。

（二）树立和培育社会主义核心价值观

1.通过对学生开展"勤学"教育，培育社会主义核心价值观

（1）学习马列经典著作。只有不断地学习，才能保持不落后于时代；具备了实力，才能更好地践行社会主义核心价值观。作为青年大学生，该学些什么呢？首先要学好马列经典著作，坚定信仰。为此，有的院校在微信平台上推出"品读经典"活动，在微信平台上展示马列经典著作中的原句并进行打卡学习，之后通过在线测试环节，对学生的学习成果进行检测。通过便捷的互联网来学习的方式，学生既学到了马列经典著作，又增加了学习的趣味性，学生乐在其中。

（2）学习专业知识。专业知识的学习，不仅可以在课堂上得到应用，还可以延伸到课下的业余生活中进行实践。

（3）学习中华优秀传统文化。中华优秀传统文化是社会主义核心价值观的"根"，其中蕴含着中华传统美德。让学生学习传统文化，是开展好学生德育工作的重要途径。有的院校创新了传统文化学习的活动内容与形式，首先在微信平台上发布了征集优秀传统文化剧本的公告，活动发布出去后，征集到了50多部剧本，有根据成语故事改编的、有根据历史上的经典故事改编的。随后把这些剧本放到微信平台上进行了投票，选出了投票率在前10名的剧本。之后，在微信平台上征集了学生演员，对剧本进行了排演，最终以"中华好故事"情景剧比赛作为活动的终结。参赛学生团队演出了经典的中华成语故事和中华传统美德故事，通过对音乐、视频、服装、道具等元素的运用，展示出较生动的舞台效果。学生通过编演剧目，学习了中华优秀传统文化成果，感受了其中蕴含的做人做事之道。这种方式将蕴含其中的哲学思想和民族情怀，用更直接的途径展示了出来，达到了育人功效。

（4）学习政治、经济、文化、历史、社会、科技、军事、外交等方面的知识。这些知识，是了解中国国情和掌握中国的世界位置的必经途径，是树立起社会主义核心价值观认同感的前提。在"互联网+"时代，学生获取信息的渠道丰富且多元，网络上的信息鱼龙混杂，高校思政工作者占领网络阵地时，能保证所提供信息的真实、可信度。

2. 通过对学生开展"修德"教育，培育社会主义核心价值观

大学生德行修养是必要的功课，明大德、守公德、严私德是每个人在一生中需要修炼的内容。勤俭节约、友善助人、礼貌谦让、自律自省是大学生德行的主要表现。在大学期间，培养学生服务他人、奉献社会的意识能够为学生未来走向社会做好道德准备。例如，某学院非常重视学生奉献精神的培养，成立了"曙光联盟"志愿者社团，该社团的主要职能：一是寻找服务对象，开展志愿服务；二是在每次活动开始前招募成员；三是为每名志愿者累计积分，按照志愿者的积分排名兑换成学院提供的实习、实践机会。这三项工作职责的履行过程中，互联网的使用是不可或缺的。如每次招募志愿者需在学院官方微博上发文，如想参与报名，在下方直接回复姓名、班级即可。积分累计名单每月会在官方微博上发布，到每年放暑假前，根据积分排名，确定参与学院安排的实习、实践名单。除学院官方组织的志愿活动外，还鼓励学生开展分散志愿活动。学院建立了大学生志愿服务信息校内追踪制度，将"晒晒我的余香"作为分散志愿服务活动追踪记录的方式。此举旨在让同学们观察身边的爱心行为，不忘志愿服务在身边，并将其发展为一种大学生志愿服务信息校内追踪制度，让同学们时刻记录自己和他人的爱心行为，并将照片、视频上传给学院大学生自治中心邮箱，自治中心定期将这些志愿活动信息发送到学院微信平台上。志愿活动帮助学生了解了社会，服务了社会，传递了爱心，传播了文明，创立了多个志愿服务品牌。

3. 通过开展"明辨"教育，树立和培育社会主义核心价值观

有的高校学院在"明辨"教育工作中，将现实社会和网络中出现的热点问题、真实案例引入，让学生通过收集材料，组织班内讨论、辩论等形式，从而实现"明辨"教育的目的。如围绕某教授提出的"精致利己主义"的概念，让学生在网上搜索何谓"精致利己主义者"，思考其成因及影响，之后在学院各班召开主题班会"说说利己和为公"，并且在学院微博上开设专题"精致利己主义者，会幸福吗？"通过话题讨论，让学生通过思考认识到，只看眼前利益、没有大格局的人，注定不能越走越开阔。

4. 通过开展"笃实"教育，树立和培育社会主义核心价值观

当代部分大学生有一种急功近利的心态，刚付出一点，就想着回报，可是缺少积累，

不能在短时间内见到成效，于是打了退堂鼓，再加上好不容易从高中填鸭式的题海中脱身出来，就很自然地把时间花在玩乐、睡觉、游戏、计算机和手机上面。"不积跬步，无以至千里"，带有这种心态的学生，特别应该练就"笃实"的本领。例如，在笃实教育方面，有的院校开展了"笃实"微故事征集活动，让学生找到自己身边的榜样，记录下他们的实干故事。有的学生找到了社团达人，他从不起眼的小事情开始做起，打扫卫生、值班开门，到接触摄影设备、调音设备，最终成为新闻中心的骨干。而当初跟他一起加入新闻中心的不少同学，都因不能吃苦，天天抱怨，没有坚持下来，最终在毕业时，主人公赢得了省报的就业机会。这些微故事，都在学院微信平台上进行了展示，让这些实干的榜样，激发起学生内心中追求上进的愿望。

第二节 "互联网+"视域下高校思想政治教育的现实困境

近年来，思想政治理论课实践教学日益受到重视，各高校纷纷进行实践教学探索，在一定程度上有效地促进了高校思想政治教育，但也存在着许多问题。因此，分析高校思想政治理论课实践教学现状，总结其特点和不足并加以改进，是十分有益而必要的。

一、高校思想政治理论课实践教学的主要特点

（一）发生作用的内隐性

内隐性是思想政治理论课实践教学最显著的特征。在实践教学过程中，教育目的和内容并不像课堂教学那样直接和外显，教师也不是不厌其烦地灌输知识，而是将教育目的隐藏在各种实践教学之中。通过各种暗示熏陶、情景效应、感染体验等实践活动，以含而不露的方式引导大学生，使其在实践中接受思想政治教育，达到"润物细无声"的教学效果。

（二）教育内容的渗透性

高校思想政治理论课实践教学内容广泛渗透到大学生日常学习生活和社会实践的方方面面。它不仅体现在教学管理者、任课教师、教辅人员、班级学生的日常行动中，而且广泛渗透于社会实践、家庭生活和自然环境中，特别是在校外鲜活的社会现实和轰轰烈烈的

社会主义建设事业中，更有丰富多样的生动的教学内容，更有利于广大学生对课堂理论的深入理解。

（三）覆盖领域的广泛性

高校思想政治理论课课堂教学的实施常常受时间、空间等各种客观条件的限制，其覆盖面和影响力有限。而实践教学则填补了课堂教学的不足，它以思想政治教育为主题，教育内容丰富多样，涵盖社会生活的众多领域。广泛的实践教学能满足大学生多样化的需求，能够拓宽思想政治教育渠道。

（四）方式方法的灵活性

现代社会影响大学生思想的因素很多、很复杂，这就决定了思想政治理论课必须紧密结合社会现实进行有针对性的实践教学。教师需要根据大学生的认识情感和行为取向等具体问题具体分析，根据不同的教学内容和教学资源，灵活多样地选择教学方式方法，把思想政治教育有机融入社会实践中，在实践中提高教育效果。

（五）教育效果的持久性

高校思想政治理论课实践教学往往是通过情境化教学产生作用的。一方面，它可以使大学生切身体会和接受思想政治教育；另一方面，相对于课堂说教而言，大学生从实践教学获得的价值观、行为方式、思想认识是直观的、真实的、感性的、亲身体验过的。因此，这种教学效果更具有持久性，更有利于大学生形成牢固的世界观、人生观、价值观、道德观和法治观。

二、高校思想政治理论课实践教学的现状与问题

（一）实践教学理念陈旧

一些院校在实施思想政治理论课实践教学时，忽视时代发展环境变迁和大学生个体需要，教学理念陈旧，缺乏前瞻性，存在墨守成规的倾向。这主要表现在四个方面：一是重视课堂教学，轻视甚至忽视实践教学；二是狭隘理解实践教学，将实践教学局限在校内教学实践；三是实践教学手段落后，不能根据教育技术的发展来创新实践教学的方法；四是思维狭窄，忽视与院校特色、学生特色、专业特色和地域特色的有机结合。

（二）实践教学内容缺乏整合

高校思想政治理论课由五门课程组成，任课教师分属不同教研室，实践教学活动各自开展，因此导致了条块分割，缺乏统筹安排和合理规划，教学流程不仅杂乱无章，而且重复现象严重。如有的录像学生重复看，有的活动学生重复做，有的问题学生重复调研等。如此，不仅浪费资源和时间，而且教学效果也不好，还会使学生产生厌烦心理。

（三）实践教学主题不鲜明

思想政治理论课实践教学的内容可以多种多样、丰富多彩，但必须始终围绕思想政治教育这一主题进行，这是思想政治理论课实践教学与其他实践教学和社会实践的根本区别。但是，一些高校将专业实践、暑期社会实践与思想政治理论课实践教学混同，把一些科技活动、文艺活动、庆典活动也笼统算作思想政治理论课实践教学；或者为了完成实践任务而进行一些与思想政治教学内容不相关联或关联性不强的实践活动，导致部分实践教学活动游离于思想政治教育主题之外，缺乏针对性和有效性。

（四）实践教学方式简单

一些高校对于如何选择合适的实践教学方式、如何实施具体的实践教学活动的研究不深入，对于实践教学环节设计不合理。并且，由于受课时经费和教师任务等因素的影响，思想政治理论课实践教学要做到与时俱进确实不易，客观上也造成了教学形式简单的现象。目前各高校思想政治理论课实践教学形式主要以影片欣赏、课堂辩论、案例分析为主，真正让学生"走出去"直接参与的实践教学还不充分。即使是"走出去"，也大都局限于参观考察、社会调查、社区服务等少数几项常规性的活动。这自然难以提高学生兴趣，大大降低了实践教学效果，有时甚至流于形式。

（五）实践教学保障机制乏力

许多高校思想政治理论课实践教学的保障机制乏力，存在诸多问题：一是在组织领导方面，一些高校对思想政治理论课实践教学并不重视，以至于实践教学有名无实；二是有些院校虽然进行了实践教学，但是由于组织不力、教师不足、指导不力、措施不当等问题，导致实践教学成效不高；三是没有纳入统一的教学计划，其结果是实践教学可有可无，进行得好与不好不影响学生学分和毕业，导致不能引起学生高度重视；四是专项经费不到位，虽然教育部规定思想政治理论课实践教学专项经费必须按生均 20 元划拨，但是许多学校实践教学经费投入不足，甚至没有实践教学专项经费，严重影响了实践教学的正常开展。

第三节 "互联网+"视域下高校思想政治教育的有效策略

一、转变思想观念

高校思想政治理论课实践教学的有效开展，需要学校领导、教师、学生以及社会等各方面的积极参与和有效配合，为此首先必须转变思想观念，切实提高对高校思想政治理论课实践教学重要性的认识。

（1）高校思想政治理论课实践教学是贯彻理论联系实际原则的必然要求。理论联系实际是我党一贯倡导的马克思主义学风，也是高校思想政治理论课教学必须坚持的基本原则。只有坚持理论联系实际的原则，才能使马克思主义理论为学生所接受并成为学生认识世界、改造世界的立场、观点和方法，从而达到帮助大学生树立科学的世界观、人生观和价值观的目的。坚持理论联系实际的原则，不仅要在课堂教学中联系实际进行讲授，而且要积极创造条件，使学生能够置身于现实生活，联系实际去理解和掌握马克思主义。同时，实践教学也便于教师了解学生的具体情况，在教学中更好地突出重点，有的放矢地组织教学，提高思想政治理论课教学的针对性和实效性。

（2）高校思想政治理论课实践教学是提高学生分析问题和解决问题能力的重要手段。大学生是国家未来建设的生力军，他们的思想政治素质和能力状况的好坏将直接关系到我国改革开放和社会主义现代化建设事业的成败。思想政治理论课教学不仅要培养学生科学的世界观、人生观和价值观，而且要培养学生运用马克思主义立场观点、方法分析去解决实际问题的能力，增强他们解决新问题、开拓新视野、实现新跨越的本领，而社会实践则为大学生关注、思考和研究现实问题创造了条件，提供了锻炼的机会。

（3）高校思想政治理论课实践教学是使学生认识自我、了解社会的重要途径。当代大学生从总体上说有理想、有抱负、思维活跃、积极进取、喜欢独立思考，但由于社会阅历浅、实践经验少，所以对一些问题的理解可能不够深刻，带有片面性。因此，从实际情况和现实要求出发，必须加强和改进高校思想政治理论课实践教学，组织学生参加社会实践，让他们在社会实践中体验生活、认识自我、了解社会、增加社会阅历、促进理性思维的发展。

二、建立保障机制

高校思想政治理论课实践教学能否落到实处，在很大程度上取决于领导的重视程度。为了使思想政治理论课实践教学能够得到充分重视并发挥应有的作用，教育部应出台相关文件，明确规定实践教学在各门思想政治理论课中所占的学时数，推动全国高校思想政治理论课实践教学的制度化、规范化。省级教育行政管理部门应对本地各高校思想政治理论课实践教学的实施情况进行检查评估，督促高校思想政治理论课实践教学的有效开展。学校应成立以党委书记为组长、分管思想政治教育工作的党委副书记和分管教学工作的副校长为副组长，宣传部、团委、学生处、思想政治理论课教学部等各职能部门负责同志参加的思想政治理论课建设的领导小组，定期研究思想政治理论课建设中的重要问题，其中包括思想政治理论课实践教学问题，为思想政治理论课实践教学的顺利开展提供强有力的组织保障。同时，教务处和各院系在制订教学计划时，应将思想政治理论课实践教学的课时数在教学计划中作出明确规定，并把思想政治理论课中的教师实践教学指导工作纳入正常的教学管理系统，给予相应的实践指导工作量补贴，使思想政治理论课实践教学能够真正落到实处。

三、确保经费投入

经费不足、实践教学安排困难是广大思想政治理论课教师在组织社会实践时所面临的一大难题，各高校应该安排思想政治理论课社会实践专项经费。该经费应该依据学生总数和生均思想政治理论课社会实践经费的数额来确定，其在学校中的地位应与学生实习实验经费同等重要，以用于学生进行社会调查、发表论文和调查报告、参观考察、学校建立校外社会实践基地等方面的支出。

四、丰富实践形式

高校思想政治理论课的实践教学可在校外和校内进行。校外实践是思想政治理论课实践教学的主要形式。校外实践资源丰富，学生参与的空间广阔，社会性强，可采用社会调查、生产劳动、志愿服务、公益活动红色旅游等多种多样的形式；校内进行的实践教学形式，可通过开展专题报告演讲比赛、社团活动、讨论辩论和参与校园文化建设等多种多样的方式进行。

五、健全考核机制

为保证高校思想政治理论课实践教学的有效开展，应建立健全思想政治理论课实践教学的考核机制，将思想政治理论课实践教学活动作为教学常规管理的一项重要内容进行检查、指导、评估与建设。学校应制订思想政治理论课实践教学的实施方案教学大纲，同时指导教师应及时了解学生在社会实践活动过程中的具体情况，为此学生在提交的实践报告中，必须包含对调查过程进行描述的内容。在思想政治理论课的成绩评定上，应将学生参与社会实践活动的表现成绩纳入其中，做到既有学生的理论考试成绩，又有学生平时思想品德表现和参加社会实践活动的成绩。这样的考核方式，既考核了学生的认知水平，还考查了学生的行为表现，从而实现知行统一的目标。

第四章

新时代高校思想政治教育的内容与方法创新

　　高校思想政治教育要适应时代的新变化和当代大学生的新发展，需要以科学发展观为指导，必须坚持以人为本、全面发展、德育为先、开放式育人的科学理念。高校思想政治教育要把大学生既看作实践的主体，又看作价值的主体；要坚持素质教育，推动大学生思想道德素质、科学文化素质和身心健康素质的全面协调可持续发展；要正确把握社会影响与学校教育的双向互动，整体性地发挥学校和社会的一切育人功能，构建全员、全过程、全方位育人模式；要适应开放的环境和多元的时代特征，着力提升当代大学生面向社会、面向世界、面向未来的素质和能力。

第一节　新时代高校思想政治教育的内容创新

　　思想政治教育的内容研究，是思想政治教育的重要因素之一，在整个思想政治教育体系之中占核心地位。正确地选择和确定思想政治教育的内容，是保证政治方向正确的一个关键环节，是为了提高内容的科学性和发挥作用的稳定性，保证教育内容的方向性，防止思想政治教育内容的泛化和动荡化，特别防止思想政治教育内容的"去意识形态化"。对于思想政治教育内容的有关问题，要有清楚的认识。

一、社会责任感教育

（一）社会责任感相关概念的界定

　　社会责任感是社会成员应具备的一种基本思想意识，它指的是社会群体或者个人在一定社会历史条件下所形成的，为了建立美好社会而承担相应责任、履行相应义务的自律意识和人格素养。社会责任感是个体主动为社会、国家做出贡献的驱动力量。具有强烈的社会责任感通常具备以下三种特质：一是遵守社会法律法规和道德规范；二是爱岗敬业，热爱自己的本职工作，有为社会服务的奉献精神和关心帮助别人的仁爱精神；三是关注社会发展，关心国家大事，坚守公平和正义。

我们应认识到，社会责任感的内容会随着社会历史条件的变化而发生改变。但无论处于怎样的社会环境中，社会责任感在社会发展中的价值方向是不会改变的，它一直引领着社会的发展和进步。社会责任感从主体角度来看，包括个人社会责任感和社会群体的社会责任感，个人社会责任感是以自身为主体的责任感，社会群体的社会责任感是以集体、国家、民族乃至全世界为主体的责任感。个人社会责任感和社会群体的社会责任感是相互依存、相辅相成的关系。个人的发展需要社会这个平台，没有社会这个平台，个人就没有施展才华的空间，同时，社会的发展和进步也离不开个人的推动和贡献。所以，个人必须具备强烈的社会责任感，否则就不利于社会的和谐与进步。

知识经济时代的国际竞争其实就是人才的竞争。教育是社会发展的基础，一个国家的教育水平决定着这个国家未来的发展方向，而大学生是国家人才的储备力量，其综合素质的高低影响着国家的发展实力。提高大学生的综合素质，是高校不可推卸的责任，而大学生社会责任感的培养就是高校思想政治教育中的必要部分。社会责任感在大学生的各种素质中处于基础性地位，其重要性是不可撼动的。

大学生社会责任感有狭义和广义之分。狭义上的大学生责任感是大学生对其在人类社会发展中的责任是否符合内心需要而产生的自觉意识和情感体验；广义上的大学生社会责任感也包含自我责任感。个体组成了社会，个体首先要对自己负责，才能为他人、为集体负责。值得注意的是，广义上的社会责任感并不包含以自私自利、损人利己为主要内容的自我责任感。

（二）当代大学生社会责任感的现状

调查发现，当代大学生社会责任感的主流是健康、积极的。面对老人摔倒的现象，多数大学生最终都是会扶起老人的，这当中有部分大学生因为受到当前社会风气的影响，需要有人作证才敢扶。同时，也有部分同学因害怕被老人家属讹诈而不敢扶，或者选择拨打急救电话。他们不是不想扶，而是受社会风气的影响而有所顾虑，可见，如果社会风气能够得到有效改善，他们对他人的社会责任感或许会更强烈一些。对于部分大学生存在的社会责任意识缺乏的问题，当前全社会尤其是我们思想政治教育者要通过对大学生进行社会责任感教育，来让他们积极为中华民族伟大复兴中国梦尽己所能、做出贡献。

（三）当代大学生社会责任感存在的问题

尽管大学生社会责任感的主流是健康、积极向上的，但也有一些大学生在社会责任感上是消极的。调查发现，当代大学生在社会责任感上存在的问题主要表现在以下几个方面。

1. 当代大学生缺乏强烈的自我责任感和自我约束力

当代大学生大多是"90后"群体，他们做事情往往以自我为中心，在平时学习和生活中对自身的要求不高。有的大学生在专业选择上也是以毕业后能否得到高的利润回报作为标准，而并不关注国家和社会的需要。在激烈的市场竞争环境下，大学校园中的"考证"风气浓厚，大部分学生都是为了完成学分或是能在毕业之后找到一份高回报的工作，他们并没有认真考虑过这个证书能给自己带来什么样的提高。当代大学生大部分都是独生子女，他们是家庭的中心，因而有些大学生在人际交往中较为专横，并不考虑他人的感受，容易与他人起冲突。还有一些大学生总是抱怨社会的不公平、不公正，而不从自身寻找原因。有的学生缺乏对自己人生的整体规划，缺乏明确的奋斗目标与人生目标，忽略自身的社会价值以及应为社会做出的贡献。

2. 当代大学生过于关注个人前途而忽略社会发展的实际需要

在市场经济环境下，由于受到一些不良因素的影响，某些大学生过于关注自我利益及自我发展，对社会需求漠不关心，从而忽视了个人存在的社会意义。随着社会经济发展水平的提高，他们没有将社会和国家的需要作为考虑因素，而过于关注个人利益，有明显的个人主义和功利主义倾向。

3. 当代大学生缺乏强烈的家庭责任感和感恩意识

由于当代大学生都是"90后"，且独生子女居多，他们的家庭经济条件较好，有些大学生备受长辈溺爱，这使他们容易养成依赖父母、依赖家庭的不良习惯。他们往往把父母对自己的关怀当作理所当然之事，对家庭缺乏责任意识，有的还会埋怨父母未能给自己提供良好的经济条件。这些现象都表明当代大学生缺乏强烈的感恩意识和责任意识。

二、创新意识教育

（一）大学生创新意识的内涵

随着经济全球化潮流风起云涌，科学技术更新周期不断缩短，世界各国的发展高度在很大程度上取决于人才的数量、结构以及质量。人才的质量与创新能力密切关联，培养创新型人才是提高人才质量的内在需要。我国《教育法》明确规定："高等教育的任务是培养具有创新精神和实践能力的高级专门人才，发展科学技术文化，促进社会主义现代化建设。"因此，增强大学生创新意识，着力培养和提高大学生的创新能力，保证毕业生具备较强的创新能力，是新时期高等教育的目标之一。创新意识教育是高校思想政治教育的重要部分，要积极探索大学生创新意识教育的方法与途径，充实高校思想政治教育的内容，满足社会发展对高素质人才的需要。

（二）大学生创新意识教育的基本思路

第一，营造创新氛围，增强自主意识。在校园学习和生活中，要建立和谐的师生关系，做到师生平等。老师要确立学生的主体地位，让学生克服自卑心理，培养大学生积极进取、知难而进的精神。教师要注重培养大学生自主学习与创新的意识，因为自主意识是发展创新意识的基础和前提。

第二，培养观察能力，鼓励大胆想象。观察是通往真知的大门，大学生通过参加社会实践去观察，借此了解我国科技水平在生产一线的应用情况，体会科技创新对社会主义现代化建设的重要性；大学寒暑假的社会实践活动也可以培养大学生的观察能力，进而培养大学生思考问题和解决问题的能力。

第三，夯实基础知识理论体系，培养实践能力。教师需要引导大学生刻苦学习，努力掌握基础理论知识，认真学习文化课和专业课的相关知识体系。目前，许多大学生在科技文化课外活动中，显示出很强的组织创造力。教师应鼓励大学生多参与社会实践、多进行实验创新以及各种科技文化创造活动，不断提高大学生创新能力。

第四，引导放射思维，重视个性发展。教师应鼓励大学生遇到问题深入思考，引导大学生打破常规、运用求异思维解决问题。

（三）大学生创新意识教育的路径选择

高校要构建大学生创新教育模式，必须以大批创新型教师为基础。创新型教师自身可以不断更新知识，深化教学研究，努力提高自身并强化大学生的创新意识和能力。尤其在思想政治理论课教学过程中，创新型教师通常具有高瞻远瞩的思想高度，有助于大学生创新思维的培育。

三、就业观念教育

近年来，大学生就业问题日益凸显，各高校逐渐开始重视大学生就业观念的培养，为大学生就业提供良好环境。为进一步推进大学生就业指导工作，高校应不断创新工作理念，改进工作方法，健全就业观念教育工作机制，为大学生顺利就业给予多方面支持。

（一）大学生就业观念培养中的思想政治教育

经济全球化促进了世界各地区的密切联系，却无形中为高校学生的就业增加了压力。经济发展模式较为混乱也导致就业形势的紧张。同时，随着我国教育改革的不断深入，高校扩招使得毕业生数量急剧增加，更为大学生的就业形势带来了严峻的考验。而就大学生自身就业意识来说，他们缺乏合理的职业规划，对未来充满了茫然与不知所措。因此，高校的思想政治教育更要指导大学生有效就业，缓解大学生就业中的诸多压力，培养大学生敢于面对、敢于拼搏的职业素养。

思想政治教育对高校学生的职业素养有着不可替代的重要意义。有效的思想政治教育不仅可以平复大学生面对就业压力时的躁动情绪，也可以有针对性地成为促进大学生职业意识与行为举措的利器。同时，随着时代的发展，就业不仅看重一个人的学历与能力，还看重求职者的职业素养与思想品德，而高校的思想政治教育，正是以培育学生良好的道德素质与职业操守为目标。

（二）大学生就业指导工作理念的创新

1. 树立以学生为本的教育理念

在开展大学生就业指导思想政治教育工作中，教师要时刻坚持以学生为本，坚持学生在教育中的主体地位，多层次、多角度地去激发学生在就业中的主动性与创造性。教师要培养学生自我探索、自我发展和自我提高的能力，同时，时刻关注学生在就业中普遍存在的思想观念问题，寻找正确的切入点和出发点，让学生学会在职场中维护自身的合法权益，从而充分发挥就业指导对大学生思想政治工作的教育作用。

2. 树立心灵沟通的教育理念

大学生在步入社会前，面临着较大的就业压力，往往会出现缺乏自信、沮丧、失落等负面情绪，会对教师的教育指导产生一种抵触心理。因而，教师在对学生进行就业指导思想政治教育时，应随时关注学生的动态心理变化，及时与学生进行心灵沟通，疏导学生的各种不良情绪，通过进行不断的情感交流，让学生能够深刻感受到来自教师的鼓励和期望，从而增加面对激烈就业竞争的勇气与信心。

3. 树立全面服务的教育理念

在开展大学生就业指导思想政治教育中，教师要树立全方位服务的理念，为学生提供各种形式的就业知识讲座和报告，提高就业指导课程的针对性和客观性，使思想政治教育渗透于就业指导的全过程，从而提高就业指导工作的效率和质量。

（三）大学生就业观念教育方法的改进

1. 促进大学生创新精神的培养

随着经济时代的到来，市场竞争越来越激烈，劳动者想要紧跟时代前进的步伐，就必须不断更新自身的知识结构和技能水平。大学生只有具备良好的创新精神，才能逐渐养成强烈的事业心与进取心，才能更好地为用人单位服务。因此，高校的思想政治教育在加强学生就业指导教育时，同时也要注重培养学生养成创新精神，同时，学生也要积极学习和接受新的理念、新的知识，不断开阔自己的眼界，为自己寻求更多的就业渠道。学生只有具备了创新精神才能发挥自身的创新思维、提高自身的创新技能，这样，学生在参加工作时才能具备竞争优势。

2. 加强大学生职业道德教育

现如今，社会上有实力的人才很多，但既有品德又有实力的人才却是用人单位急需的。大学生刚离开校园，没有工作经验，故用人单位在选聘时多看重学生的个人素质，也就是基本的职业道德、事业心、社会责任感以及吃苦耐劳、乐于奉献等各种个人品德。因此，对学生开展就业指导时，应该着重增加学生的集体主义思想和诚信教育，通过课堂讲解、课下实践、课余实习等多种手段，增强学生的职业道德素养，以满足当代社会用人单位对综合素质人才的需求。

3. 实现单一化向多样化的转变

思想政治教育不是一项独立的工作，它需要与教育学、伦理学、法学等其他学科相结合。这不仅体现了思想政治教育顺应现代科学总体发展趋势的要求，而且也是其面向世界、面向未来、促进自身不断发展的需要。所以，高校就业指导中思想政治教育应不断更新教育理念，改进工作方式，采取心理辅导、养成教育和危机干预等手段，让思想政治工作进宿舍、进社团、进网络，增强就业指导中思想政治教育的实效性和针对性。

（四）大学生就业指导模式的转变

一般来说，思想政治教育是教育者和被教育者之间的一种思想品质相互交流、碰撞、融合的过程，也是一种有目的、有针对性的思想教育信息传递。思想政治教育不是一项独立的工作，它需要一些学科门类的辅助，比如教育学、法学、伦理学等。尤其是对大学生就业工作的指导，需要适时更新教育理念，改进工作方式，增强大学生思想政治教育以及就业指导的针对性，高效地解决大学生的就业困难；同时，随着高等教育体制的不断深化，大学校园不再是改革开放以前那样完全以读书育人为目标的"象牙塔"，大学生的价值观、人生观和世界观都会随着社会的改变而改变。因此，思想政治教育对大学生就业的指导工作也要与时俱进，变以前的与社会脱节的封闭式教育为社会需要的开放型教育，这是思想政治教育对大学生就业指导工作的必然趋势。

以往很多高校的就业指导和思想政治教育是分开进行的，这种方式会需要大量的教师，为学校增加了人力压力，并且容易导致教育脱节的现象。新时期为了促进高校就业指导工作的稳步健康发展，学校应该打造一支高素质的教育队伍。这个教育队伍里的教师必须具有丰富的思想政治教学经验，同时拥有丰富的就业指导经验，这些教师要不断提高自己的各项素质，系统掌握各学科、各专业的就业行情，针对学生的实际情况和就业问题，提出有效的解决办法和针对性的就业指导。

就业观念是大学生思想观念的重要组成部分，大学生就业观念教育是高校思想政治教育的重要一环。思想政治教育者要提高认识，在大学生就业指导工作推进过程中加强就业观念教育，准确把握大学生就业观念存在的问题，引导当代大学生树立正确的择业观和就业观，不断改进就业指导工作，为大学生顺利就业提供帮助。

四、科学世界观教育

世界观是人们对世界的根本看法和观点体系。不同阶级具有不同的世界观。无产阶级的世界观也称作共产主义的世界观、共产主义的宇宙观。世界观是基本的方法论。马克思主义哲学是迄今为止最科学、先进的世界观、方法论，它分为两个部分，一是辩证唯物主义，二是历史唯物主义。这一科学的世界观就是思想政治教育的首要内容。

《中华人民共和国宪法》第二十四条规定：在人民中进行辩证唯物主义和历史唯物主义的教育，反对资本主义的、封建主义的和其他的腐朽思想。这是对合格公民的一项基本要求。否则，全国人民就没有共同的语言和逻辑，也就不能实现团结一心。科学世界观教育的内容有以下两个方面。

（一）辩证唯物主义

马克思主义哲学在科学实践的基础上，实现了唯物主义与辩证法的有机统一。马克思主义的唯物主义是辩证的唯物主义；马克思主义的辩证法是唯物主义的辩证法。这种既唯物又辩证的科学世界观，不仅回答了世界本质是什么的问题，也回答了世界状况是怎么样的问题。

辩证唯物主义的基本观点是：物质第一性，意识第二性，意识对物质具有反作用；物质世界是普遍联系的、永恒发展着的；对立统一规律是宇宙的根本规律；辩证唯物主义的显著特点是它的实践性。

马克思主义的认识论坚持从物质到感觉和思想的认识路线。认识的发展过程是从感性认识到理性认识，又从理性认识到改造客观世界。一个正确的认识往往经过多次的反复才能完成。在这个过程中，实践是检验真理的标准。马克思主义的认识论，是党实事求是的思想路线的理论基础。

由于我国在历史上是一个小农经济的国家，人们习惯于看问题时的封闭性、绝对化、走极端。所以，在历史上，中国是一个容易违反辩证法的地方。同时，中国又是一个辩证法非常发达的地方。我们需要以马克思主义的辩证法吸收中国古代朴素辩证法的营养，锤炼我们的辩证思维，牢固树立唯物辩证法的适度的观点、发展的观点、普遍联系的观点。

（二）历史唯物主义

历史唯物主义是马克思的一大发明，是观察一切社会现象的科学武器，它揭示人类社会发展的总规律，是辩证唯物主义原理在社会生活和社会历史领域的贯彻和运用，同时，它又是支撑科学理想信念的支柱。

历史唯物主义也是思想政治教育最基本的理论基础。一个理论工作者的理论功底主要体现在对历史唯物主义的把握程度上。

历史唯物主义的基本观点是：人类社会是物质世界长期发展的结果；物质资料的生产活动是人类社会赖以存在的前提和基础；社会历史有自身发展的规律，是一个自然历史过程；劳动的发展史是解开人类社会发展史的一把钥匙；社会基本矛盾是生产力与生产关系、经济基础与上层建筑的矛盾，这两对矛盾是社会发展的最终根源和动力，在阶级社会里，社会基本矛盾表现为阶级矛盾和阶级斗争；社会存在决定社会意识，社会意识反作用于社会存在；人民群众是历史的创造者。

学习辩证唯物主义和历史唯物主义具有重要的意义：帮助人们一切从实际出发，而不是从主观愿望出发；指导人们建立普遍联系的、发展的、适度的观点，克服孤立的、静止的、极端主义的观点；掌握观察一切社会现象的钥匙。

五、政治观教育

（一）国家的本质和职能的观点

马克思主义的国家观认为：国家问题是一切阶级斗争的焦点。国家在本质上是一个政治概念和阶级概念，而不是一个地区概念。

马克思主义的国家本质的观点包括：国家的本质是阶级矛盾不可调和的产物，是阶级统治和阶级压迫的工具，是一个阶级镇压另一个阶级的暴力机器。国家是在经济上占统治地位的阶级维护自己的经济利益和特殊地位的工具；无产阶级专政的国家，是新型的民主与新型的专政相结合的新型国家，是工人阶级和绝大多数劳动人民对极少数剥削者的专政。

马克思主义关于国家职能的观点认为：国家职能是国家本质的体现。国家的主要职能有：对内镇压被统治阶级的反抗，对本阶级实行一定范围内的民主；运用政权的力量巩固和发展经济基础，干预经济生活；维护统治阶级需要的社会秩序，调节社会矛盾，防止社会崩溃；对外组织国防，防止外来侵略，调节国家关系，保护本国利益。

（二）政党的性质和作用的观点

马克思主义认为，政党是社会经济和阶级斗争发展到一定历史阶段的产物。它是社会发展到资本主义大工业生产阶段而形成的政治组织，是各阶级政治斗争的产物。政党的本质属性，就是它的阶级性。任何一个政党，都是代表一定的阶级、阶层或社会集团根本利益的组织。所谓"全民党"的说法，不是资产阶级的欺骗，就是无产阶级队伍中蜕化和背叛的反映。

政党的特点是：有政治纲领；有政治目标；有稳定的领袖集团主持；有组织纪律。

政党的作用是由它所代表的阶级、阶层或社会集团的性质以及它在物质生产中的地位所决定的。它总是在一定历史条件下，在政治领域内对生产力的发展和生产关系的变革发生作用。不同时代、不同性质的政党，在历史发展进程中的作用是不同的。

资产阶级的多党制，是在代表同一个资产阶级利益的前提下，由多个政党分别代表资产阶级内部不同阶层或集团的利益而形成的。

中国共产党是无产阶级的先锋队，是以先进的理论武装、先进的民主集中制组织起来的先进政党，代表最广大人民群众的根本利益，是中国特色社会主义事业的领导核心。

（三）马克思主义人权观

"人权"是近代资产阶级思想家提出的一个概念。早期资产阶级思想家宣扬"天赋人权"。马克思主义不承认"天赋人权"，认为人权是阶级斗争的产物。人们在阶级社会中，由于经济、政治地位不同，不可能享有平等的权利。世界上根本没有超阶级的、抽象的、"普世的"、绝对意义上的人权，只有与各国实际情况相适应的、相对的、具体的人权。

资产阶级的人权观的局限在于，资本主义社会在其上升阶段提出了"人权"的概念，却不能在社会现实中实现，人权的概念与社会现实严重脱节，资本主义私有制社会无法做到人们的权利平等；现代人权的发展，包括了集体人权的思想和尊重国家主权的思想，第三世界人民的生存权和发展权的思想，实际上超越了资产阶级的人权观；社会主义国家为实现真正的平等人权创造了前所未有的经济、政治和文化基础，超越了资产阶级的人权思想。

中国的社会主义人权观的特点：第一，广泛性。享受人权的人群是全体公民。人权涉及的领域更广，包括生存权、发展权、国家主权、人身权、政治权等权利。不但保护个人人权而且保护集体人权。第二，公平性。消除了金钱和财产状况、民族、性别、职业、家庭出身、宗教信仰、教育程度、居住期限等限制。第三，真实性。国家为人权的实现提供了制度、法律、物质方面的切实保证。

目前社会主义人权观正在完善的过程中，其理论体系需要继续发展。目前存在的薄弱环节需要解决：有些人权领域的发展受忽视，如尊重个人隐私权、正确对待犯人的人权、监督和限制官员的行政权等；有些则发展不够，如在生存权方面，下岗现象和贫富分化的问题、发展权方面的就业压力和机会不公的问题、对人才评价缺少公平稳定机制的问题等。

社会主义国家人权入宪，积极推进了人权发展的进程。2004年3月14日第十届全国人大二次会议通过的宪法修正案正式载入了"尊重和保障人权"，更加尊重和发展个人的权利，同时制约特权和行政权利对个人权利的干预和侵犯。人权建设是全面小康社会的目标之一，必须懂得社会主义人权观念，才能更好地适应社会发展。

人权的研究和宣传要在两个战线上作战。既要回答西方敌对势力对我国人权状况的攻击，驳斥敌对势力宣扬的所谓"人权高于主权"的谬论，又要研究和揭示国内人权建设存在的问题，深化国内的人权建设。

六、人生价值观教育

人生观是根据一定的世界观去观察和对待人生的目的、人生价值和人生道路的根本看法和态度。各种不同的思潮反映了不同人生观的类别，如享乐主义人生观、悲观主义人生观、权力意志主义人生观等。我国提倡的是马克思主义科学人生观和为人民服务的人生观。

为人民服务的人生观主要包括以下内容。

（1）树立崇高的人生理想教育。社会理想是对未来社会的向往。在共产主义的最高理想指引下，现阶段我国人民的共同理想就是建设中国特色社会主义。后者代表了现阶段全国各族人民的根本利益和愿望。

理想有多种分类说法，除了社会理想之外还有社会主义的道德理想、职业理想、生活理想等。

（2）人生价值教育。人生价值包括两个方面：一方面是个人对社会的责任和贡献；另一方面是社会对个人的尊重和满足。在社会主义国家，判定人生价值的标准是对社会的劳动和贡献，这是人生价值的核心问题。不同的社会有不同的认识价值的标准，这也是一个导向，与西方资本主义社会的金钱价值观划清了界限。

（3）人生态度的教育。人生态度是个人在一定的环境中体验出来的、关于人生的、稳定的心理倾向，即要以积极进取的态度对待苦乐、荣辱、生存与发展。

（4）人生道路的教育。人生道路是实现人生目的的途径。人生道路应该与社会实践、工农群众需求、国家的发展、个的目的结合起来。

（5）集体主义的人生价值观教育。当今世界流行的两个不同的人生价值观派系：一是集体主义的人生价值观；二是个人主义的人生价值观。前者以最广大人民群众的利益为本位，后者以个人的利益为本位。

全面理解集体主义的内涵：以集体的利益为重，尊重个人的正当利益，追求个人与集体的不断完善，做到自我价值与社会价值的统一、艰苦创业与正当享受的统一、义（公共利益）与利（个人利益）的统一。

世界观、人生观、价值观三者之间的关系：世界观具有决定意义，指导人生观、价值观；人生观、价值观能够促进世界观形成；三者的形成具有不同步性。

七、道德观教育

道德内部结构：道德观念、道德行为、道德规范、道德评价。

根据涉及的不同领域，道德的分类结构为：社会公德、职业道德、家庭美德（属于个人私德范畴）。这三个领域对应着社会生活的三个范围（公共场所、职业岗位、家庭和个人私生活）。

良好道德素质形成的规律：继承中华民族优秀道德传统，适应社会主义建设的现实，建设以为人民服务为核心、以集体主义为原则的道德品质。"以德治国"强调"自律"，"依法治国"强调"他律"，必须实行"依法治国"与"以德治国"的结合。胡锦涛提出的"八荣八耻"的社会主义荣辱观，是分清道德是非、激发道德正气的纲领。

关于道德观教育的具体内容，2001年中共中央印发的《公民道德建设实施纲要》做了具体的规定。这个《纲要》提出，在公民基本道德规范方面要做到：爱国守法、明礼诚信、团结友善、勤俭自强、敬业奉献；在社会公德方面要做到：文明礼貌、助人为乐、爱护公物、保护环境、遵纪守法；在职业道德方面要做到：爱岗敬业、诚实守信、办事公道、服务群众、奉献社会；在家庭美德方面要做到：尊老爱幼、男女平等、夫妻和睦、勤俭持家、邻里团结。

八、法制观教育

法制即法律与制度的合称。法制观教育就是遵守社会主义法律和制度的教育。法制观的教育包括：

（1）社会主义民主教育。在教育方面，应着重在以下几个问题上进行讨论：没有民主就没有社会主义；民主的实质，以及社会主义民主与资产阶级民主的区别；党的领导是社会主义民主建设的保证，党领导人民争得了民主，建设社会主义民主是党的战略目标；民主集中制，民主与集中的关系；个人民主权利与遵守法纪的一致性；社会主义民主建设是一个长期渐进的过程。

（2）法制教育。法制观教育的方针是：有法可依，有法必依，执法必严，违法必究。

法制教育的内容是：教育人们知法、懂法、守法；教育人们懂得法律的严肃性，在法律面前人人平等；维护安定团结的局面；要特别重视以宪法为主要内容的教育，掌握宪法的基本原则，把宪法作为一切行为的根本准则。

（3）纪律教育。纪律是执行党的路线、方针、政策的保证，是"四有新人"的重要内容之一。只有在纪律教育中正确把握纪律与自由的辩证关系、遵守纪律和秩序，才能促进社会风气的好转。

第二节　新时代高校思想政治教育的方法创新

思想政治教育的方法、思想政治教育的内容和思想政治教育的环境共同构成了思想政治教育体系中的三个核心要素。这三大要素的有机结合，再辅之以其他要素的配合，才能产生理想的思想政治教育效果。在一定的社会环境和教育内容的条件下，思想政治教育的方法是否有效是关键问题。

随着国内社会主义改革的不断深入和全球化趋势的日益增强，人们的思想出现了许多新特点，这就为思想政治教育方法的发展提供了新的挑战和发展机遇。因此，研究思想政治教育方法，是目前加强和改进思想政治教育的一个突出问题，也是增强思想政治教育实效性的一个关键问题。

一、思想政治教育方法论的结构与体系

（一）思想政治教育方法的层次结构

根据思想政治教育理论与实践的发展，人们对思想政治教育方法论结构的认识不断深化。总结近年最新的研究成果，从总体上说，可以把思想政治教育方法的层次结构划分为五个层面。

第一，哲学层面的方法。思想政治教育领域的哲学方法，主要指最高层次的世界观及其方法论层面。这一层次的方法，就是唯物辩证法和唯物历史观的方法。这是思想政治教育方法的总的、指导性的方法。

唯物辩证法和唯物历史观的世界观是人们观察人类社会现象和分析人们思想的唯一的科学方法。世界观与方法论既有联系又有区别。世界观决定方法论，并为方法论提供理论

依据和基本原则，指导着认识世界和改造世界的方向、方法和途径。有什么样的世界观就有什么样的思想政治教育方法。但是，世界观也不能简单地等同于方法论。由世界观到方法论，要经过一个转化和具体化的过程。唯物辩证法和历史唯物主义的世界观，能够转化为一切从实际出发的科学的方法论等原则；与此相反，形而上学和历史唯心主义的世界观则会转化成主观主义的方法论原则。思想政治教育的哲学方法，即唯物辩证法和历史唯物主义的方法是最高层次的方法，包含在这一科学世界观之中的一切方法，都是思想政治教育方法的基础。

第二，思想政治教育的原则方法。这一层面的方法就是在思想政治教育的全过程中起指导作用的基本方法。这一原则方法规定了其他层面的方法的方向、准则和要求，在思想政治教育方法论的体系中起着导向和规范的作用。这是在哲学层面的方法的指导下的最基本方法。

这一层次的方法包括坚持马克思主义的方向性的原则方法、理论联系实际的原则方法、层次性和针对性的原则方法、正面教育为主的原则方法、教育者与受教育者互动的原则方法、思想政治教育与业务教育相结合的原则方法、精神鼓励与物质鼓励相结合的原则方法、群众路线的原则方法等。总之，这个层次的方法，在思想政治教育的方法论体系中，具有宏观纲领性的指导意义。

第三，与思想政治教育各个过程相关的具体方法。这一层次的方法是涉及思想政治教育各个过程的各主要环节的具体方法。它以哲学的方法为基础，又受到思想政治教育的哲学方法与原则方法的指导，在思想政治教育过程的各个主要环节上起作用。这一层次的方法主要包括思想政治教育的认识方法、决策方法、实施方法、评估方法等。这一层次的方法在思想政治教育的实践中属于各个过程和阶段的具体方法。

第四，实施思想政治教育的具体操作方法。这一层次的方法是思想政治教育的原则方法和涉及教育过程各主要环节的方法在不同范围、不同条件下的具体应用。比如，思想政治教育认识方法方面的具体应用，就演绎出了获取信息的调查研究法、采取科学举措的决策法、把握思想趋势的预测法、综合治理的系统分析法。再如，思想政治教育的实施方法的具体应用，就演绎出了理论教育与社会实践教育相结合的方法、教育与自我教育相结合的方法、一般教育与重点教育相结合的方法、集中教育与渗透教育相结合的方法。这是思想政治教育方法中最为灵活多样的一部分方法。

第五，思想政治教育方法的运用艺术和技巧。这一层次的方法是思想政治教育比较微观的方法，也可以说是运用方法的方式和风格。它具有高度的灵活性、具体性、生动性、创造性，它是直接影响思想政治教育效果的、最前沿的方法层次。比如，在新时期，由于人们思想上普遍具有不同程度的逆反心理，成功的思想政治教育家越来越注重暗示的方法，在潜移默化、不知不觉中使教育对象受到有效的教育。再如，运用先进的多媒体手段辅助教育，创造优美、轻松的环境氛围调动优秀的艺术作品魅力，设计虚幻的活动环境，让教育对象在崭新的教育手段的影响下，受到一般社会环境条件不能受到的教育。

以上这五个方面的方法层次，只是一个大致的划分。它们都有不同层面的特定内涵和功能，互相之间具有不可替代的作用。各个层次之间，又具有不可截然分割的关系。这里的排列，是按着从一般到个别、从高层到底层、从宏观到微观的顺序组合而成的层次结构。它们互相衔接制约，形成一个比较完整的体系。

（二）思想政治教育过程的具体方法及其体系结构

在思想政治教育方法论的体系中，这一层次的方法是涉及思想政治教育过程中各主要环节的具体方法。这就是上述思想政治教育方法论层次结构中的第三层次的方法。实际上，它是涉及思想政治教育各个主要环节的方法体系。

它包括以下几个主要的具体方法。

第一，认识方法。所谓思想政治教育的认识方法，就是指教育者在认识教育对象和教育社会环境的过程中所采用的思想方法。认识教育对象是进行教育活动的首要前提条件。正确地认识和分析不同时期的教育对象的思想特点和相关因素，才能做到一切从实际出发，有针对性地选择方法，从而开展思想政治教育工作。认识教育的社会环境，实际上是找出影响教育对象思想生成的客观因素，只有把握这些客观因素，才能从根本上解决人们在思想政治领域的问题。然而，怎样科学地认识教育对象和教育的社会环境，却是一个关键问题。认识方法是思想政治教育方法论的逻辑起点。

在认识方法体系中，主要包括三个方面的方法：一是通过观察、调查、预测的方式掌握教育客体的思想情况的信息收集方法；二是对思想情况进行分析研究、掌握其实质的信息分析方法；三是根据思想实际做出教育方案的决策方法。

决策方法在许多思想政治教育教科书中单独列出，与认识方法、实施方法、调节评估方法并列为一类方法。在这里，我们把它视为认识方法中一个环节的方法。因为认识的过程也就是决策的过程；决策方法的正确与否，也是一个认识是否科学的问题。所谓思想政治教育的决策方法，就是教育者在了解情况和掌握资料的基础上，对思想政治教育的目标、实现目标的方案、实施方案的时机进行判断和选择的方法体系。它必须在认识过程中进行。从过程的顺序来说，决策方法也是一种对未来前景和效果的认识方法。决策方法要求选择目标要符合实际，便于实现；选择实施方案要得当，选出最优化的方案；把握进行教育的时机和条件，实施及时而有力的教育。同时，在教育的过程中，经常出现极为复杂的情况，这时对决策方法的要求更要果断和准确。

第二，实施方法。所谓思想政治教育的实施方法，就是教育者面对教育对象时，在教育过程中采取的改造教育的社会环境、改变教育客体思想状况的教育方法体系。这方面的方法也叫作思想政治教育的工作方法。思想政治教育的实施方法是思想政治教育的认识方法向实践方面的必然发展，也是直接影响和转变教育对象思想的工作前沿的方法。这方面的方法体系，是思想政治教育全过程的中心环节。

实施方法主要有：一是任何时候和条件下都要使用的基本方法，它主要包括理论教育的方法、实践的方法、批评与自我批评的方法等；二是在一般情况下运用的通用方法，它主要包括比较教育方法、典型教育方法等；三是在特殊情况下运用的特殊方法，如在特殊情况下对心理障碍和心理疾病患者的心理疏导方法、冲突缓解方法等；四是在复杂情况下运用的综合方法。

第三，调节评估方法。所谓思想政治教育的评估方法，就是教育主体对一定阶段和过程的思想政治教育实践或方法的效果进行反馈调节、检测评估的方法体系。它主要包括反馈调节方法、检测评估方法和总结提高的方法。反馈调节对于及时掌握思想政治教育的动态、驾驭教育的过程、调整教育的方案、优化教育的结构、保证教育目标的实现具有重要的意义。检测评估就是对于思想政治教育的社会价值和实际效果作出科学判断，并采取适当的改进措施。总结提高就是总结经验教训，不断提高思想政治教育水平的重要手段。这是教育者使自己的教育动机与教育效果统一起来的必要环节，也是教育者必要的责任心的体现。

二、思想政治教育方法创新的原则

党的思想政治教育在长期的理论与实践的发展中形成了最基本的、带有指导性的原则方法，有必要逐一地探讨思想政治教育的这些原则方法的新发展。

（一）体现科学性与方向性相结合的正面教育原则

思想政治教育本身就是一门科学。这门学科的发展就要求把科学性与方向性结合起来。正面教育的原则就是体现科学性与方向性相结合的原则方法。

　　思想政治教育的科学性原则就是强调思想政治教育之中贯穿的真理性、规律性。它遵循思想政治教育自身具有的科学规律，与形形色色的宗教、迷信、有神论等划清了界限。因此，它既不能由宗教、迷信和神学来取代，也不能用经济规律等其他方面的方法来取代。坚持思想政治教育的科学性原则，要求掌握马克思主义基本理论，特别是辩证唯物主义和历史唯物主义的基本原理。在这方面，只有学习和掌握马克思主义科学理论，才能克服经验主义和教条主义，才能防止折中主义和庸俗的实用主义倾向。工人阶级不能自发地产生科学社会主义思想，也不可能自发地产生科学的世界观和方法论。只有掌握马克思主义这个人类历史上最先进的科学理论，才能真正地做到思想政治教育的科学化。

　　坚持马克思主义指导的方向性原则是思想政治教育的灵魂。思想政治教育自身的特殊性决定了它必须坚持马克思主义指导，必须坚持社会主义方向，体现社会主义意识形态的主导，旗帜鲜明地批判和抵制各种错误思潮。思想政治教育领域是宣传马克思主义的阵地，决不是杂乱思想的自由论坛。科学研究可以无禁区，但是思想政治教育却是影响众人的教育，是社会主义意识形态的体现，必须坚持正确的方向，不允许散布和传播各种反马克思主义的奇谈怪论或歪理邪说。思想政治教育工作者只有对马克思主义理论坚信不疑并投入热情，才能对教育对象产生强烈的感染力，使其感到诚实可信、心悦诚服。离开方向性原则，思想政治教育就完全失去了任何积极的意义。

　　在思想政治教育领域，干扰和扭曲方向性原则的主要倾向是资产阶级自由化和淡化政治的倾向。这些错误倾向实际上企图削弱或从根本上取消党的四项基本原则，企图完全改变思想政治教育的方向。我们与这些错误思潮的斗争贯穿于整个社会主义现代化的过程之中，只有这样才能保持正确的政治方向。

　　思想政治教育的科学性和方向性具有辩证的统一性。没有科学性，就谈不上正确的方向性；同样，没有正确的方向性，也就失去了任何科学性。我们要求的是思想政治教育坚持科学性与方向性有机结合的原则。

　　为什么说思想政治教育坚持的正面教育为主的原则，体现了科学性原则与方向性原则的结合呢？

　　第一，正面教育为主，就是正面引导和说服教育为主，强调在教育的过程中坚持马克思主义理论的学习和运用，同时坚持根据思想政治教育的自身规律进行正面引导，肯定优点与批评缺点、肯定正确与否定错误相结合，促使教育对象积极主动地克服消极因素，发扬积极因素。

　　第二，正面教育为主的原则就是在内容方面突出社会主义主旋律的教育，即爱国主义、集体主义、社会主义的教育。因此，这种教育就体现了马克思主义的基本理论。由于社会各阶级甚至最先进的工人阶级也不能自发地产生科学社会主义思想，而是靠从外部灌输进去。因此，一切思想政治教育过程都必须尊重受教育者的主观能动性，引导教育对象学习和运用马克思主义，提升世界观的水平。具备了科学的世界观和方法论，站得高、看得远，一般的问题就迎刃而解了。

第三，从思想政治教育的规律来说，正面教育为主还体现了对绝大多数教育对象的信任和尊重，调动人们受教育的积极性，为思想政治教育增加动力。在我国的社会主义制度下，绝大多数人身上蕴藏着极大的社会主义建设的积极性和接受思想政治教育的主动性。只要引导得当，就能焕发出极大的热情，使思想政治教育工作取得成效。在思想政治教育工作中，充分肯定教育对象的优点和成绩，以正面鼓励为主，同时指出存在的问题，就能激发教育对象的自信心和高昂的情绪，有利于思想的转化和提升。这本身就遵循了实事求是的科学态度，充分调动了人的主观能动性，体现了思想政治教育自身的规律。

在思想政治教育的实践中，我们既要坚持科学性原则，又要坚持方向性原则，坚持正面教育为主，做到科学性原则与方向性原则的结合。

（二）理论与实际相结合的"三贴近"原则

理论与实际相结合是思想政治教育的一条根本性原则。它既是一个传统的原则方法，又融入了时代性的新内涵。

贴近实际，就是我们的工作必须从实际出发，坚持实事求是，坚持社会主义初级阶段的国情。思想政治教育工作者从事的是理论教育和引导群众的工作，不能说空话、假话、不着边际的话。思想政治工作就是要从人们的实际情况出发，有针对性地把人们的思想引导到正确的方向，并且把低层次心理状态的意识提升到思想体系的高度。因此，这种工作既要学习和掌握革命的理论，又要从实际出发、实事求是。

贴近生活，就是要贴近社会的经济、政治、文化的主体生活。人们的生活是形成心理感受、提炼思想觉悟的基础。人们的生活状况是人们最真切地感受到的现实。舍弃这种丰富的社会生活，就谈不上联系实际，任何理论都会变黯淡。脱离生活的说教永远是没有生命力的。

贴近群众，就是要切实面向最广大的人民群众，一切从广大人民群众的根本利益出发，鼓舞群众为振兴中华而奋斗。在社会分层的现实中，既有人民大众，也有少数精英，思想政治教育主要是要贴近群众，以人民大众的处境和利益关系作为自己的出发点。思想政治教育不能"傍大款"，不能成为具有特殊利益的社会层次的代言人。

"三贴近"原则的灵魂就是恢复党的优良传统和作风，理论联系实际，密切联系群众，一切从实际出发，从人民群众的根本利益出发。从方法论的角度，"三贴近"原则就是理论与实际相结合的原则方法在当今时代的新发展。

理论与实际相结合是党的思想政治教育的传统。我们党在各个不同的历史时期，都既强调掌握革命的理论，又强调与具体的实际情况相结合。在发挥理论的指导作用和重视实践的最终检验作用的关系上，我们党提出了把马列主义的普遍真理与中国具体情况相结合的原则，产生了毛泽东思想和中国特色社会主义理论体系。针对党的历史上"左""右"倾机会主义倾向都具有理论脱离实际的特点，毛泽东既注重反对脱离实际情况的本本主义和教条主义，又注重反对忽视理论指导的经验主义和主观主义。我们党在马克思主义理论的学习教育中，既体现了对理论的重视，又紧密结合中国当时的具体情况，体现了理论联系实际的马克思主义学风。邓小平在新时期继承和发展党的理论联系实际的传统，强调解放思想、实事求是，把马列主义、毛泽东思想与当代的新的实际情况结合在一起，推进了中国特色社会主义理论体系的产生和发展。

新时期，在思想政治教育方面，理论与实际相结合的原则显得更加突出。人的思想是社会存在的反映，理论联系实际不能忽视社会的新变化及其带来的人们思想实际的变化。在这种新的社会环境下，思想政治教育必须联系新的实际，才能符合教育的自身规律，取得预期的效果。今天，要做到理论联系实际，应该重视以下几个方面的新情况。

第一，联系经济全球化的思潮进行思想政治教育。经济全球化使思想政治教育的内容遇到了新的挑战。在世界范围内，各种思想文化交流、交融、交锋更加频繁，思想理论领域的斗争更加激烈和复杂。我们实行的主旋律教育即爱国主义、集体主义、社会主义的教育，受到西方霸权主义、个人主义、资本主义意识形态的冲击，必须作出新的应对。我们一方面积极参与经济全球化的过程，另一方面也要强调维护社会主义国家的安全、国家利益、国家主权。这样的主旋律教育才能更加体现时代性。

第二，联系新的网络信息环境对人们思想的影响进行思想政治教育。在几年前，社会流行的还是书报、广播、电视三大媒体，现在却被新兴的网络信息环境独占鳌头。互联网的出现，强化了即时交流的功能，创造了任凭人们驰骋的虚拟环境，提供了海量的信息，提供了全球交流的便捷手段。同时，信息交往的虚拟环境，也对人们产生了一些负面的影响。互联网的发展向思想政治教育提出了帮助人们提高信息鉴别能力、提高人们的思想道德水平、正确运用先进信息工具的任务，这是思想政治教育特别应该注意的新课题。

第三，联系社会生活的复杂的新变化进行思想政治教育。在人类进入 21 世纪的历史关头，我们的社会生活出现了复杂的变化：经济成分和经济利益多样化、社会生活方式多样化、社会组织形式多样化、就业方式多样化。这些多样化使社会面貌呈现十分复杂的新姿态，整个社会处理人民内部矛盾的压力加大。这种现实对社会成员的思想影响极大。社会生活的复杂化是一种客观存在，在这种新的情况下，主流意识形态的弘扬、主旋律的体现，都是一个新问题。一方面，我们面对更加复杂多样的思想观念；另一方面，也不能随波逐流，做群众的尾巴，而要在新形势下更加强调主旋律和主流意识形态。

第四，联系社会主义改革和高校管理体制改革的实际进行思想政治教育。这也是社会生活变化的一个重要部分。社会改革强化了人们的竞争意识，高校管理体制改革触动了师生员工和社会各层面的人们的利益，也触动了人们的思想。在社会的激烈竞争中要不要讲道德、要不要讲法治，实际上成为一个经受考验的问题。竞争更需要合作，竞争也需要团队精神，竞争更需要遵守竞争规则。引导建立正确的竞争意识，就是思想政治教育面对的新课题。同时，高校管理体制改革，提高收取学费的标准，这对于不同收入的城乡居民会产生什么样的影响，也是必须注意研究和联系的重要现实。学生交费上学，很容易在师生之间产生雇佣意识，在同学之间产生差别意识，在个人与集体的关系方面，淡化爱国主义和奉献精神的倾向。这些都需要提上日程，加以研究和注意。

理论与实际相结合的原则，反映了理论与实际的正确关系，反映了改造主观世界与改造客观世界的关系，揭示了理论教育与实际教育互为条件、不可分割的关系。理论与实际相结合，这是思想政治教育取得成效的根本途径。

只有坚持理论联系实际的原则，把理论教育与实践教育结合起来，才能培养思想政治素质全面发展的人才，才能真正达到思想政治教育的目的。

（三）疏导的原则

疏导的原则包括疏通与引导两个方面。可以说，疏通是解决问题的前提，是引导的必要准备和铺垫；引导是疏通的必然继续，是疏通的深化和教育的目的所在。如果不遵循疏通的原则，教育对象的错误思想就具有隐蔽性，问题没有暴露出来，正确与错误的界限不清，引导就会遇到障碍。如果没有引导，任由教育对象表现出来的思想和观点发展，错误的思想观点得不到纠正，就会泛滥开来，不好收拾；正确的思想观点得不到支持和鼓励，缺少外部的促进作用而不能带动更多的人向着正确的方面转化，这样就失去教育的意义。因此，在思想政治教育实践中，必须把疏通与引导两个方面结合起来。

疏通原则的反面是堵塞和压制。这种做法就是不让人讲话、压制批评、堵塞言路。这是一种封闭式思维方式的表现。

疏导的原则就是立足于积极推进思想政治工作的目的，有信心、有魄力、有责任感和无私精神的表现。在一定的时期，思想政治教育方面表现出来的涣散软弱的状况，决不会是疏导原则的结果，而只能是没有很好地全面理解和贯彻疏导方针的结果。正确地理解和掌握疏导原则，是问题的关键。

（四）主导性与多样性相结合的原则

坚持思想政治教育的主导性和多样性相结合的原则，是克服教育的目标和内容单一化、简单化，克服缺少针对性和层次性的弊病，在设计教育目标和内容时把方向性与针对丰富多彩的现实生活和思想特点的灵活性结合起来的原则。

教育目标和内容的主导性是指教育的目标和内容要体现思想政治教育的方向和性质，在思想政治教育中起主导作用。体现主导性的目标和内容，是一个明确的要求和系统的理论体系。它反映了占统治地位的阶级意志和社会的主导价值取向。由于一定的社会意识形态是与旧社会遗留下来的各种思想并存的，社会人群的思想也不是简单划一的，所以针对具体的教育对象，就要设计主导性与多样性的结合。

主导性的这些要求是密切相连、相互渗透的体系。只有把握了这些要求，才能真正坚持思想政治教育内容的主导性。

思想政治教育内容的多样性就是要根据教育对象的不同情况和要求，丰富和发展主导性的要求，以适合各种具体情况，更广泛地发挥主导性的作用。

思想政治教育目标和内容的多样性要求包括：

第一，内容选择的多样性。这包括与针对性内容相关、相容的其他必要的辅助教育内容。比如，优秀传统文化教育、西方进步的学者和思想家的成果、现代科学文化成果、中国人民和共产党人革命传统教育的内容等。这些内容与针对性内容配合起来，有利于更好地进行思想政治教育。只有调动人类创造的各种知识财富，才能更好地完成思想政治教育的任务。

第二，针对不同教育对象和教育环境实施教育内容的灵活性。这是从教育对象的具体情况出发，有的放矢地实施思想政治教育的原则。世界上找不到两片相同的树叶。矛盾特殊性原理的绝对性，决定世界上不存在两个相同的事物。因此，思想政治教育对象的个体差异性是绝对。由于人们接受的社会影响不同，受教育群体的思想实际是划分层次的。任何地方的人群都有先进、中间、落后等层次，在政治上也存在左、中、右的不同倾向。因此，从实际出发，思想政治教育必须针对教育对象的各种不同类型、不同层次和个体差异，设计不同的教育目标和内容，才能取得理想的教育效果。正确地认识教育对象的层次性，是实施思想政治教育针对性的前提。实施教育内容的灵活性，是防止思想政治教育一般化、表面化、形式化，做到有效性的关键环节。射箭要看靶子，弹琴要看听众，写文章、做演说要看读者和听众，思想政治教育对于自己的教育对象，更需要调查研究，分析不同情况，有针对性地选择不同的教育内容。今天的青年的思想，不但与二十世纪五六十年代的青年不同，而且与八十年代的青年也不同。传播媒介进入互联网时代，导致青年的代际差异急剧细化，思想特点各不相同，这就需要思想政治教育跟上时代的脉搏，以更加多样性的内容，来增强教育内容的针对性和实效性。

在思想政治教育的实践中，要坚持主导性前提下的多样性，也要坚持多样性之中的主导性。

三、高校思想政治教育改革创新的举措

思想政治工作主要是做人的工作，而人的思想是错综复杂的，并随着时代的发展变化而变化。高校思想政治工作者在继承传统的思想政治工作方式、方法的基础上，要积极吸取现代科技发展的成果，注重发挥大众传播媒体和计算机网络的作用，善于运用社会学、心理学、管理学、教育学等多学科的知识和手段。面对思想活跃的青年知识分子，要不断开拓创新，合理调节思想政治教育方法创新的各种要素，真正把握青年知识分子的思想脉搏，由"通心"达到"同心"，使新时期青年知识分子的思想政治工作迈上新台阶。

（一）思想教育与丰富多彩活动的有机调节

由于新形势下社会经济成分、经济形式、物质利益、就业形式的多样化，造成了青年知识分子思想观念的多样性，这就要求思想政治工作的方式、方法也必须具有多样性。在市场经济条件下，青年知识分子的自主意识不断增强，要坚持科学理论灌输和先进思想渗透，坚持和加强马克思主义在高校青年知识分子思想政治工作中的指导地位。

（二）思想教育与网络技术的有机调节

作为思想教育的有效载体，广播、电视、报纸、报刊在青年知识分子思想教育工作中发挥了巨大的作用，今后我们还应充分发挥广播、电视、报纸、报刊等大众传媒在唱响主旋律、营造工作氛围方面的重要作用，从"我令你行"和"我讲你听"向"平等交流、共同参与和全方位影响"转变。

信息技术特别是信息网络技术的发展，为青年知识分子思想教育工作方式、方法的

创新提供了现代化的手段，拓展了青年知识分子思想政治工作的空间和渠道。我们要加强对信息网络的监管和利用，使其提高时效性、扩大覆盖面、增强影响力。

首先，要加强青年知识分子政治理论学习，增强青年知识分子辨识能力和抵御诱惑的能力，保持清醒的政治头脑。

其次，要建好高校德育教育网站。要密切关注和研究信息网络发展的新动向，善于运用网络开展工作，努力掌握网上斗争的主动权；要主动出击，增强我们在网上的正面宣传和影响力，努力将有中国特色的社会主义新文化信息资源送上国际互联网，使中华文明在世界知识经济信息大潮中占有一席之地，抵御信息高速公路和其他途径带来的腐朽文化的侵蚀；要健全校园信息网，尽可能把一些流入学校的消极信息过滤掉，补充健全积极健康的网络信息。

再次，要充分利用网络多媒体的实时交互功能，积极开展网上思想教育。可以尝试将"思想政治理论课"和"党校教育"办到网上或制作生动直观的多媒体德育软件，直接上网竞争。

最后，要加强计算机网络管理和网络伦理教育，引导他们正确运用网络技术。

（三）思想教育与严格管理、柔性管理的有机调节

1. 将思想教育与严格管理有机结合起来

单靠思想教育不可能解决所有问题。加强思想政治工作必须立足于教育，辅之以管理，把思想教育与法律约束、行政监督、经济杠杆等多种手段有机结合起来，将教育内容和要求渗透到法律、法规以及教学、科研、学籍管理的各项制度中，真正形成思想政治工作的整体合力。

2. 将思想教育与柔性管理有机结合起来

青年知识分子思想政治工作的本质，就是以马克思主义的理论体系为基础，研究青年知识分子的思想和行为产生、发展、变化的规律，结合教育教学改革的实际，去宣传、武装、动员青年知识分子，提高青年知识分子认识世界和改造世界的能力，调动青年教师教书育人的积极性、主动性和创造性，为实现培养德、智、体、美等全面发展人才的根本任务而奋斗。采取柔性管理模式，能使广大青年学生更易接受思想政治教育，提高他们的思想政治素质，成为21世纪社会所需的高素质人才。

（四）思想教育与心理教育的有机调节

思想教育在方法上除了采取常规的基本教育方法，如对比鉴别法、自我教育法、说理教育法外，必要时还要利用一些特殊的现代方法，如心理咨询测试法，通过心理专家门诊、专栏咨询、信息咨询等方式开启受教育者的心灵、化解矛盾、减轻压力和受挫感、消除心理障碍。

第五章

高校思想政治理论课教学模式的改革与创新

第一节 高校思想政治教学之微课模式

一、相关概念

随着"微"时代来临，"微课"以碎片化的学习方式渗透到高校大学生思想政治教育的方方面面，我们必须清楚地认识"微课"的本体、特点，将其应用到高校思想政治理论课教学中，这就必须对"微课"的基本情况有全面的认识，只有这样，才能充分发挥"微课"在思想政治理论课教学中的作用。

（一）概念界定

1. 微课教学

微课教学（Micro teaching or Miniature teaching）是指利用现代化教学技术，在有限的时空内，培训师范学生和任职教师掌握某一技能、技巧的教学方法。"微"是微小、碎片、奥妙的意思，"课"是推究、考察、讨论的意思。

微课教学是一个有控制性的实践系统，它有可能让师范生和在职教师集中实践某一特定的教学方式，或在有控制的条件下学习，它是在教育理论、视听技术的基础上，系统训练教师教学技能的方法。

2. 微视频

微视频被定义为：时长从 30 秒到几十分钟不等，适用于多种移动终端，制作周期短、成本低，内容和形式涵盖面广，展示非主流大众文化形态，受众可以广泛参与并表达自我的新媒体形式。

3. "微课"

"微课"以在线学习或移动学习为运作方式，具体针对某一专题的学习内容和教学活动，以时长控制在 10 分钟以内的教学视频为主要载体。

（二）"微课"的特点

1. 课程学习时间短

"微课"以"微"作为最突出的特征，无论从时间、内容还是形式上都要体现出"微"的特点。"微课"教学时间有限，因此必须短小精悍，与传统意义上 45 分钟的课堂不一样，其时间一般是在 5~8 分钟（最长不能超过 10 分钟）。由于"微课"时间短，相应的容量也很少，数据量在几十兆，因此大大缩短了学习者学习的时间，减轻了学生的学习压力和课后负担，当遇到难点时，可以在短短几分钟内将问题解决，提高了学生的学习效率，有益于提高学生高级思维能力和解决复杂问题的能力。

2. 课程内容选择灵活

"微课"的灵活性主要表现在课程内容的选择、组织和应用等方面，这是由它"微型"的特点所决定的。"微课"时间比较短，课程内容可以摆脱学科知识系统性和逻辑性的限制，只是围绕某一个知识点，内容可以是多种多样的。教育者以学生的兴趣和日常教学活动中常见的问题为出发点，结合现实的需要，开发形成"微课"。在应用方式上，在线学习、移动学习变得越来越普及，学生可以在不同的时间、情景下自主进行学习，对于自己无法理解的重点和难点，也可以反复地进行观看学习。"微课"的灵活性使得高校大学生的学习变得越来越简单、便捷和及时，给传统的教学方式带来一定的挑战。

3. 课程之间相对独立

"微课"的课程单元是根据高校的课程标准、教学要求、学生的兴趣、教师的能力等来决定的，是来自教学中的某一个具体知识点，并不像长期课程单元那样，具有严格的逻辑性和系统性，"微课"各单元之间都是相互独立的，具有知识上的层次性，没有直接的联系。对于同一个知识点，每个"微课"设计者的能力和思维方式是不同的，他们可以充分利用自己的特长来设计和开发"微课"，因此，其具有开放性和自主性。"微课"之间的相互独立性既可以让学习者节省学习时间和精力，也可以让他们根据自己的需求有针对性地进行学习。

4. 课程主题性强

"微课"主要是为了解决教学过程中重难点、疑点等内容，所以，每一个"微课"都有自己明确的主题，教学目标相对单一，指向性明确，通过主题，明确本章的学习内容，让学习者一眼可以分辨出这段视频是否符合自己的学习需求。当在学习过程中遇到不明白的地方，也可以通过鲜明的主题直接选取相关内容进行学习，明显地提高学习效率，因此，"微课"是传统课堂教学浓缩的精华。

二、"微课"在高校思想政治理论课教学中应用的现状

进入微时代，传统的课堂教学模式在教学过程中逐渐显露出它的不足。时代的发展呼吁我们要培养现代化的新型人才，课程改革的力度也在不断加大，迫切需要我们对当前高校的思想政治理论课教学方式进行改进与完善，在这样的背景下，开设新型"微课"教学显得必要且急迫。

（一）"微课"在思想政治理论课教学应用中取得的成绩

1. 拓展了思想政治理论课教学的内容和空间

高校开展思想政治理论课的目的就是选择丰富、有趣、正确的信息来熏陶、感染大学生的思想观点、道德观念和精神信仰，培养符合社会主流价值的人才。在这一过程中，信息的获取是大学生思想政治教育的基础，短小精悍、主题鲜明的"微课"极大地拓展了大学生思想政治教育的外延，丰富了思想政治理论课的教学资源。

传统思想政治理论课教育由于受主客观条件的限制，一般只能以报纸、杂志、书本、广播等媒介进行传播，收集的信息有限，仅仅涉及思想政治教育的某些方面，内容缺乏时效性、吸引力和说服力，大部分是在课堂中进行面对面的交流沟通，难以达到预期的效果。随着互联网的发展，微时代的出现，网络成为大学生获取信息的主要渠道，"微课"的兴起为学生提供了一个方便快捷、及时有效的学习方式，成为当前大学生获取知识、了解动态的新窗口。网站上大量关于思想政治理论的"微课"资源，弥补了传统思想政治教育中内容贫乏、资源有限的缺陷，能够使大学生们开阔视野、增长见识，丰富知识体系。"微课"极大地丰富了教育资源：一是为学习马列主义、毛泽东思想和中国特色社会主义理论提供了新的平台；二是为了解当前党的路线、方针、政策提供了便捷高效的信息渠道，可以及时报道国内热点和焦点信息，既为学生提供了读圣贤书的理论资源，也为学生

忧天下事提供了良好平台；三是为社会主流文化和价值观的传播开拓了有益的空间。

在传统的思想政治理论课中，教育者由于受主客观条件的限制，资源储备较少、涉及面窄，影响了高校思想政治理论课的教学效果。现在，"微课"作为一种新兴的网络传播媒介，其最大特点是资源共享，高校思想政治教育者可以收集到来自不同地域和背景下的思想政治教育资源，并借助网络的互动性实现师生互动，从而最大限度地实现教育资源的共享，使原本狭窄、封闭的传统课堂教学空间变成了全社会、开放性的教育空间，思想政治教育的渠道变得畅通，思想政治教育工作者可以在任何时间、地点上传"微课"视频，学生能在任何时间、地点对这些资源进行观看、下载，丰富了思想政治教育的内容。

当然，面对浩瀚如海、良莠不齐的"微课"资源，思想政治教育工作者不能全盘接收，而应主动从网络上"去粗取精""去伪存真"，选择一些高质量，能引起青年大学生共鸣的学习内容，扮演好领袖的角色，引导大学生在开放的网络世界里明辨是非，正确应对和处理各种信息，提升分析问题和解决问题的能力。"微课"在高校思想政治理论课教学中的运用，潜移默化地对大学生进行思想政治教育，真正使思想政治教育渗透到学生学习与生活的各个方面。

2.丰富了思想政治理论课教学的方式和技巧

传统的思想政治理论课教学方式较为单一，多采用上课、听报告、参加讲座等面对面的一对多的形式，这种由上而下、被动式的灌输式教育方式会使学生言而不尽、言不由衷，不能全面而真实地体现受教育者的想法，思想政治教育的实效性日益下降。"微课"的出现，给高校思想政治教育工作者提供了改变这种局面的新契机，使传统的思想政治理论课教学转变成多样化的教育模式，能够实现双向、多向的交流与互动，注重以学生为主体，顾及其思想和情感。在"微"时代背景下，思想政治教育主客体之间的地位及其关系发生了相应的变化。在传统的思想政治教育模式下，教育者是思想政治教育活动的组织者、实施者，而受教育者则是被灌输的对象，使得传统思想政治教育面临投入多、收效少的尴尬境地。通过"微课"教学，学习者从被动接受转变为主动学习，原有的主体地位得到充分发挥，师生之间架起了信任与尊重的桥梁，双方在平等、愉悦的情景下相互交流、角色相互转化。

"微课"推进了思想政治教育中"以人为本"的理念。传统的思想政治教育以大班教学为主要模式，在统一教学目标、教学进度方面具有一定的优势，但是每一个学生的成长环境、教育背景、政治观点、道德发展水平各不相同。"微课"教学为大学生思想政治教育工作有针对性地开展，对学生进行层次性教育、因材施教、突出其个性品质提供了条件。思想政治理论课也是一门实践性较强的学科，不能只停留在课堂上，而是要在实际生活当中将理论转化为实践，并在实践中得到检验。"微课"作为传统课堂以外的第二课堂，克服了思想政治教育中对生活实际的隔绝现象，教师通过"微课"深入学生的日常生活，对他们进行潜移默化地影响。

传统大学生思想政治教育主要靠理论灌输，通过念文件、做报告、开大会等单调的教育方法对学生进行世界观、人生观和价值观的教育，容易引起高校大学生的反感情绪。"微课"以简洁的视频、微小的容量、方便的发布形式受到高校大学生的欢迎。通过"微课"这一方式增加思想政治教育内容的趣味性，以文字、音频和视频相结合的方式增强思想政治教育的吸引力，改变了传统的"强灌硬输"的教育方式，更多地采取示范、启发等疏导的方式，将强制性的信息灌输转变为指引大学生有效地选择和利用信息，增强受教育者的能动性。从长远来看，促使受教育者养成分辨、选择和利用有价值信息的能力，增进教育者和受教育者相互之间的了解，实现双向互动，教育者能够更加了解当代大学生的所思所想，受教育者也更能接受思想政治理论课所传达的教育理念。

3. 增强了思想政治理论教育的生动性和吸引力

在新媒体应用技术迅速发展和普及的形势下，将"微课"应用于高校思想政治理论课教学当中，有助于增强思想政治理论教育的生动性和吸引力。当代大学生在成长成才的过程中，崇尚自我，迫切想要展示一个不寻常的自我，强调自我价值，喜欢追求个性，乐于接受新鲜有趣的事物，这一时期的大学生在思想上和心理上的可塑性很强，极易受到新事物的影响，以"微课"为载体进行思想政治教育，符合大学生喜欢追求时尚、潮流的性格特点，自然会受到大学生的极大欢迎。

高校思想政治教育工作者可以利用"微课"这一平台，搭建一条与大学生快捷交流的渠道，在"微课"上发布大学生感兴趣并且承载着思想政治理论课信息的教育内容，了解大学生的心理需求和思想动态，进而因材施教，在潜移默化中对大学生进行思想政治教育，可以明显增强思想政治教育的效果。教育者还可以针对一些社会热点、学生关注的话题制作"微课"，使理论课教学内容贴近大学生的实际，激发学生的学习和关注热情。当学生遇到困惑时，会通过各种方式发出求助信号，教育者通过及时浏览这些信息，准确掌握学生的学习困惑，第一时间发现问题并为其解疑答惑，双向互动的交流过程不仅能促进学生学习和帮助其成长，更有利于教师掌握学生内心的真实想法，拓展了思想政治教育的时间和空间维度。

目前，各大高校充分利用"微课"不断创新思想政治理论课的教学方法，引导大学生积极参与讨论、发表观点、获得知识，学生的学习不再受时间和空间的制约，扩大了学习的覆盖面。"微课"为我们提供了丰富的教学资源，可以随时获取自己所需要的信息资源，同时，"微课"还具有内容灵活的特点，能够接触到不同的观点，利于打破思想的局限性，拓宽视野，培养发散性思维。此外，随着"微课"制作技术的提高，可以设置多种多样的思想政治教育情境，营造图片、声音、视频结合的良好视觉效果。

（二）"微课"在高校思想政治理论课教学应用过程中存在的问题

"微课"在高校思想政治理论课教学中的应用，从一开始的构想到现在的发展，是一个逐渐走向系统化、成熟化的过程，以其便捷化、高效化和移动化的特点，受到学生、教师的关注。但是，"微课"在其应用的过程中也出现了一些问题。

1. "微课"在应用过程中存在过度使用与简单排斥现象

微课是一种优质的教育教学资源，思想政治理论课教学是一种教学方式，将"微课"合理有效地应用到高校思想政治教育中，既能增强理论课教学的吸引力和感染力，又能增强传统课堂教学的实效性。但是，目前"微课"作为一种教育方式在高校思想政治理论课教学中的应用存在过度使用与简单排斥两种现象。

年轻教师大多是硕士或博士毕业后投入教育岗位，参加工作的时间较短，事业心和成就感都比较强烈，渴望自己的付出能够得到学生的认可与肯定，愿意投入更多的时间与精力在教学岗位上，对现代化的教学设备、声色兼具的多媒体教学方式的接受能力更强。为此，有些教师把大量备课时间投入"微课"的制作上来，将视频素材的搜索、课程的制作作为备课的重点，认为只有制作出合适的"微课"才是一节完整的课，只要有了"微课"，内心就有了信心，认为不使用"微课"，课程就会枯燥无趣，就无法调动学生的积极性，这样盲目的追求感官刺激，会使学生沉浸于"微课"中而不愿去动脑主动思考，这实际上是教师对"微课"的地位和作用产生了认识上的偏差，盲目跟风，过度抬高"微课"的地位。

部分年长教师对教学内容的思考、教学方法的使用、教学方式的偏好受传统教学模式的影响比较大，更乐于接受面对面的、直接的讲授方式，他们认为"微课"只是一种噱头，对于知识的传授、理论知识的掌握并不能起到任何实质性的作用。况且"微课"对网络技术的要求比较高，有些年长教师也不乐意接受并花费大量的时间去学习，宁愿把时间花在思想政治理论课的备课当中。实际上，采用"微课"教学只是一种辅助性质的教学工具，并不是唯一的，应在教育科学理论和学生身心发展规律的指导下，师生之间不断探索、磨合，找到适合的教学模式，我们的思想政治理论课才能取得真正意义上的理想效果。

2."微课"开发和设计的水平不高

"微课"的设计与制作是一个系统性的过程，也需要有完整的课程结构，包括导入、授课、互动、检查等，并不仅是从课程视频简单的截取一段，还牵涉很多细节上的工作，而且开发和设计不仅需要技术的支持还需要理论上的支撑。"微课"是一种基础教学资源，教学资源需要凝聚起来，才能更好地服务于思想政治理论课的教学工作。"微课"发展的不足还体现在多媒体技术的应用上，同时也有部分教师对"微课"概念的理解或多或少有些偏差，所以导致出现良莠不齐的现象。

在"微课"的设计与制作中，存在的问题有："微课"的课件制作过于简单，教学内容趣味性不强，页面过于简洁，层次感、整体感不强；"微课"教学视频画面不够清晰，声音不够清楚，对拍摄环境要求极高，容易受外界环境因素干扰；"微课"的配套资源不齐全，等等。

3."微课"与传统课堂教学结合的程度不够

"微课"教学与传统课堂教学的关系处理不当。一些教师在教学过程中忽视了"微课"教学与传统课堂的有机结合，生硬地认为两者是代替与被代替的关系，没有正确认识到"微课"是对传统课堂的有效补充，要么就完全使用"微课"进行教学，要么就坚持使用传统的教学方式。

对于在具体一节课中"微课"使用时间的长短上，大部分教师认为"微课"是应该在课堂之中被使用的，区别只是使用时间的长短、使用频次的多少，他们没有辩证地看到两者在教学中的优势与弊端。"微课"以其短小精悍、使用方便、资源多样、情境真实、内容生动形象而受到欢迎，而传统课堂有利于师生面对面情感的交流，更能深入细致地帮助学生学习。同时两者又都各自存在着缺点，因此就需要将两者有机地结合起来，取长补短，充分发挥各自的优势，互为补充。在需要突出重点时可以使用"微课"教学，直观简明，在课堂互动、小组讨论时切换回传统的教学方式，深入细致。教师在这方面的研究和实践也存在着不足，一般都是一种课堂模式进行到底，不但没有发挥两种课堂优势，反而更暴露出了两者的不足。"微课"必须与传统课堂分工协作、有机融合，这样才能弥补传统教学方法乏味无趣的不足，既促进了师生的互动，又充分发挥了"微课"提高课堂教学效率的作用。

4."微课"在应用过程中课堂互动出现问题

"微课"在思想政治理论课教学中的应用可以通过活跃课堂气氛、释放话语权、展开平等对话来实现师生之间的课堂互动，但是在有些课堂中互动出现了变化。在"微课"中，教师展现一些形象性、趣味性的素材，学生的积极性、参与性大大提高，但是有些素材片面追求轰动效应，以课堂气氛热闹为优，在之后的小组讨论中，不少学生还沉浸在素材的演绎当中，分散了学生的注意力，实质性的互动难以开展。教师的指导要起到引玉之砖的作用，启发学生举一反三，留给学生进一步思考的空间、深层次探究的悬念，培养学生的发散性思维，最终学会思考、学习。学生的知识能力在活跃的课堂气氛中有所锻炼和进步，教学目标也能在积极的有效氛围中达成。

语言是我们互动的主要凭借，也是思维的外衣，课堂互动主要是通过师生、生生之间的交流与对话来实现的。但是在一些思想政治理论课课堂上，学生们面对充满生活气息和时代感的"微课"却出现了表达不好、害怕表达的情况。教师在制作"微课"中，会提供一些浅显的信息，也会借鉴一些专家学者对事件的深度解读，学生们只能看懂浅显的信息，对学者的解读却一知半解，在接下来的发言中，有些学生可能会因为认知受限，不敢发表意见，导致课堂讨论陷入沉寂。同时，大学阶段，学生对于社会问题有自己的认识与思考，但由于生活阅历的缺乏，容易走向片面化、表象化甚至是极端化，往往扩大了事物的某一方面而忽略了另一方面，导致在课堂教学中一些突发情况的出现。有些老师会采取忽视、绕行的办法，避免正常的教学活动受到干扰，此时的互动便成了假动。

（三）"微课"在教学应用过程中出现问题的原因

1. 重视程度不够

"微课"作为课程发布、获取及分享的工具，是知识传播的新渠道，师生互动的新平台，同伴联络感情的新方式。但在目前的高校当中，广大教职工依然"微观念"薄弱，对"微课"应用于思想政治理论课教学不够重视，传统的教育观念、教育模式根深蒂固，没有从发展的角度理解"微课"这一新的教学方式对高校思想政治理论课的应用价值，以消极的态度对待"微课"。

当前大学生思想政治理论课教学面临着教育观念、教育内容、教育方法的改革创新。受传统思想政治教育模式的影响，一些学校的领导和教师很难认可以新媒体技术为载体的新型教学方式的思想政治教育功能，他们认为依靠"微课"进行思想政治教育是不可控的，存在太多的不稳定性因素，很难达到理想的教学效果，从而使"微课"在思想政治教育理论课教学的开发过程中始终处于被动地位，"微课"分享和发布思想政治理论信息的功能始终没有得到重视。

高校思想政治理论课教师精力有限，集教学与科研于一身，对"微课"的设计和开发没有深入学习，只是停留在浅层次的认识上，缺乏相关实践经验，尽管有丰富的教学经验，但是也很难把想法衔接到"微课"的制作上，对"微课"难以接受，缺乏热情，不会专门去制作、上传"微课"，以此进行思想政治教育。工作队伍的不健全，研究人员的匮乏，缺乏"微课"运营的相关经验，等等，这些都使得"微课"在思想政治理论课教学中很难对学生具有吸引力和影响力。

"微课"是一项集网络课程的设计、策划、研究与使用的系统性工作，教学设计是"微课"制作的起点，需要从理论、策略、方法和模式等方面对广大教师进行培训。高校管理者应研究制定相关政策，在学校建立一些鼓励、奖励机制，将"微课"的建设纳入思想政治理论课课程的建设体系当中，同时还要大力开展"微课"培训，对"微课"的概念、特点以及在思想政治理论课教学中应用的优势进行详细解说，最重要的是开展"微课"设计与制作的培训，让教师能够迅速掌握"微课"的开发技术，并熟练地应用到实际教学当中，高校还要注重"微课"的宣传与推广，扩大"微课"的影响力与覆盖面。

2. 理论指导不足

在对"微课"国内外研究现状进行叙述的过程当中，我们不难发现，目前对于"微课"的研究还停留在尝试和探索阶段，主要是在理论上进行阐述，在实践教学中的应用还有所欠缺，特别是在"微课"的设计与开发当中，这就阻碍了"微课"在教学实践中的应用和推广。

国外有关"微课"的研究主要集中在中小学的课堂教学当中，美国的部分高校已经使用"微课"替代了传统的教学方式，主要是"可汗课程"和"翻转课堂"。学生通过"可汗课程"进行自主学习，课堂时间主要用来做练习或者是答疑解惑，实现了教学重点的转移，由老师讲授变为独立学习；"翻转课堂"也赋予了学生更多的自主时间，知识的传授放在课堂外的任意场所，内化吸收过程放在课堂上，师生在课堂上进行交流与答疑。国内的研究主要是发表在期刊杂志上的一些理论方面的研究，也只是对"微课"的概念、特点、发展趋势等进行概述，而对"微课"在实际教学中应用的研究少之又少，既缺乏理论上的指导，也缺乏实践上的操作。

目前，网易公开课将一些"可汗课程"翻译成中文，供学习者自主浏览学习，但是"可汗课程"的教学设计与中国学生的实际学习情况还是有一定差距的，如果我们能结合自己的实际，自主开发一些适合高校大学生并内含思想政治教育内容的微课程，思想政治理论课的教学效果会更好。

3. 培训机制不健全

"微课"的制作从资料收集、选题确定、脚本撰写到信息的呈现方式等，都必须经过反复讨论和仔细打磨，要学会用镜头说话，会用更有表现力的语言，每一句话都能经得起反复推敲，要拥有雄厚的学术背景的支撑，将课程化繁为简对自己的课堂质量有充分的自信，教师既要学会梳理知识图谱，又要精心制作"微课"，会在一定程度上加重教师的工作负担，但这个过程也是教师本身专业素养不断提升的过程。

"微课"至今还是一个新鲜事物，尽管在应用中迎来一片叫好声，但"微课"的制作成本高，投入产出效益低，导致其无论是在激励机制、培训方式、评价方式还是培训者素质等方面都需要进一步的提升。在目前的培训过程中，缺乏外部监督机制，存在单一化、机械化的"满堂灌"现象，使培训流于形式，降低了培训效果。与此同时有些教师没有意识到自身教学实践中存在的不足，认为自身的专业素质以及现有的知识结构能够满足现有的教学需求，不需要进一步的提升与改造。

良好的考核机制是确保教师培训有效开展的基础，通过合理的考核方式能够正确反映教师在日常操作中存在的不足以及教师本身对于培训效果的认知度和参与度。目前，对于教师的考核仅仅是通过简单的书面考试或者是面谈的方式来了解他们的学习状况，缺乏严格的审核以及评定制度，在现有的考核制度下，一些教师应付了事，以为获得一份结业证书就万事大吉。毫无疑问，这没有办法形成真正有效的激励与监督机制、提高教师参与培训的积极性，同时也无法正确反映出现有培训制度的不足之处。

4. 平台缺乏针对性

我国有很多高校在思想政治理论课教学中开始运用"微课"，并举办了很多"微课"教学比赛，"微课"作为一种新的教学手段，已经逐步在课堂教学过程中得以应用，但是后续发展却略显乏力，原因在于我国高校思想政治教育"微课"平台缺乏针对性，高校利用"微课"开展思想政治理论课教学还处于初步探索时期，在平台建设、人员培训、课程开发及奖惩方面都还未形成系统的管理制度。运用"微课"进行教学的人才队伍不够壮大，教师的网络操作技术水平有限，无法深入挖掘教学设备的性能，在设计和使用"微课"的过程中也受到诸多限制，很难根据学生的认知规律和心理特点灵活应用多媒体教学设备，导致"微课"的教学优势不能充分发挥。

我国的"微课"大多针对的还是中小学的课程，而针对高校思想政治理论课的"微课"少之又少。"凤凰微课"是由华南师范大学与凤凰卫视联合开发的国内首个面向全球正式发布的移动学习新应用，既包含学校基础教育内容，也有农林、科技、人文法律、医疗等方面的课程，可以满足大众的各种学习需求，但政治性较强的思想理论课，在这个平台上很少能看到。青年大学生是"微课"使用的主力，理应在这一平台上增加思想政治教育的相关内容。高校作为大学生思想政治教育的主渠道和主阵地，应敏锐地觉察到各种新鲜方式对调动学生的积极性，满足他们的好奇心理起着很大作用。青年教师能够很好地把握"微课"的前沿性，观念具有创新性，但缺乏教学经验的积累，在"微课"开发中无法处理好内容与效益的关系；中年教师教学经验丰富，但是在接受新鲜事物时，往往心有余而力不足，很难把想法应用到"微课"设计当中。高校管理者应该认识到两者的优势，在"微课"设计与开发中将年轻教师的新颖想法和中年教师的教学经验结合起来，取其精华，更好地完善"微课"。

"微课"的发展是以网络技术为载体的，但有些高校现代化教学设施落后，网络基础建设薄弱，要在实践中开展"微课"教学，就要获得物质技术条件设施的支持，思想政治理论资源的获取、使用、维护也都需要物质保障，但目前各大高校少有专门资金扶持高校"微课"思想政治教育平台的建设和发展。"微课"教学还处在创始阶段，教师对于"微课"的制作与使用也处在一个观望的阶段，还需要教学效果的反馈，但作为对传统课堂教学的一种创新，高校应该采取必要的措施激励思想政治教育的人才去进行这项工作，但目前还缺乏相应的激励机制，导致"微课"教学发展缓慢。

三、"微课"在高校思想政治理论课教学应用过程中的途径

"微课"作为网络新媒体出现，符合高校思想政治理论课教学要与时俱进的要求，作为一种新的教学方式，与思想政治教育的功能密不可分，如何有效解决"微课"在思想政治理论课教学中面临的困境，使"微课"的独特优势在思想政治教育中得到充分体现，从而提高思想政治理论课的教学效果，以此，探讨提高"微课"在高校思想政治理论课教学中应用水平的措施，是当前高校教育者面临的一项重要任务。

（一）"微课"应用的原则

1. 实用性原则

实用性原则是指在设计与开发"微课"的过程中要坚持实用为主，够用为度。"微课"是依据高校思想政治理论课的课程标准和实际教学需要所开发的一系列具有针对性和独特性的主题，能够抓住具体学科知识点和重点，并结合实际的教学活动，设计与制作的系统化的基础教学资源。"微课"是为高校大学生的学习服务的，所以不管是哪种教学思路和模式，最终目的都是提高思想政治理论课教学的效率和将思想政治教育的实用价值最大化。课程设计之前，需要关注学习者想要的是什么，在看完本节"微课"后，能否将所学知识应用到现实问题的解决当中。

并不是任何知识点或教学内容都可以制作成"微课"，在课程标准的指导下，对知识点进行合理、适度地剖析和选取，并且与整个学科课程在整体上连贯一致，内容恰到好处，才能将其效益最大化，不然就是耗时耗力，做无用功。一切以学生的实用为中心，在实际教学过程中一定要追求实效，杜绝空泛。

2. 简明性原则

简明性原则是指"微课"在设计与开发的过程中坚持画面简洁，内容少而精，能够简单明确地反映客观事物，重点突出，一目了然，画面越简单，学习者的注意值也就越高，同时还要注意给学习者留下想象与思考的空间，易被青年大学生掌握和使用。"微课"是能够让学习者的学习不受时间和地域的限制，能够实时地进行学习的教学资源，因此，教学视频要兼容不同的播放环境，既可以在计算机上播放，也支持各种移动终端设备。所以，视频界面的设计必须直观，既简洁又美观，便于学习者操作。

简明性原则主要体现在：首先，"微课"内容要简明，不要列入无关紧要或没有价值的信息，同时还要避免出现知识点的重复，力求以最小的容量最快地解决问题，当学生对一个知识点不明确时，只需要观看相应的视频资源即可，而不牵扯其他的内容，针对性、目的性更明确；其次，"微课"时长要短，限于 5~8 分钟，符合视觉驻留规律和学生的认知特点，时间过长不利于受教育者注意力的集中，容易视觉疲劳，达不到预想的效果；最后，教师在录制"微课"时，语言一定要简洁凝练、清楚明白、诙谐有趣，同时还要插入相应的字幕，避免教师表述不清或学生没有听清的弊端，"微课"要便于学习者易读、易懂，既具有趣味性，又具有易学性。

3. 灵活性原则

灵活性原则是指在"微课"设计与开发的过程中做到技巧的灵活使用，内容的灵活调整，教师能够根据教学的不同内容选择相应的教学方法，激发高校大学生的学习动力，吸引学生的兴趣，牵引学生的思维和情感。坚持"微课"教学的灵活性原则，是为了解决在实践教学过程中出现的突发情况，避免出现由于缺乏灵活性而降低教学质量的现象，教师在课堂教学过程中，要预先设置多种组织方案，教学设计要留有余地，当出现突发情况时能及时修改和调整原定方案。教学内容和学生认识在教学过程中都是动态的、不确定的、变化的因素，随时都有意料之外的情况发生，教师要随着课堂情况的变化对教学方法不断地进行调整，使教学能够顺利地进行下去，不至于偏离教学主题，从而达到启发学生发散性思维、多角度思考的效果。

"微课"可以灵活地应用到教学的任何环节，"微课"的开发与设计具有相应的配套课程，可以在课前、课中、课后任意地引入教学过程，"微课"因其时长短小的特点，不会对日常课程的教学活动产生干扰或影响。在课前，高校学生可以通过观看"微课"视频，自主进行学习，预习授课内容，直至掌握该知识点；在课中，"微课"只是课堂教学的一种辅助手段，课堂是答疑解惑的场所，当对知识有疑问时，集中统一播放，更加形象直观地理解该难点；在课后，利用微练习、微反思等，通过反复观看课程视频，帮助学生自主补习、反复学习，直到能够熟练地应用到实践中为止。

4. 适度性原则

适度性原则是指在播放"微课"时要做到适量、适时，采用适当的方式和配以适宜的解说，简言之就是要把握"微课"使用的"度"。只有做到"恰当""适量"，才能最大限度地将"微课"扬长避短，发挥其最大的教育作用。具体来讲就是在使用"微课"时做到：

（1）适量。在教学过程中，"微课"的使用要适量，长短、多少都要适度，根据具体的教学内容和教学目标来设定，片段不宜过多，容量不宜太大，否则会使思想政治理论课课堂教学节奏失控，教学过程前松后紧，教学内容受到挤压，教学主题受到冲击。

（2）适时。播放"微课"时要善于把握学生的心理状况和实际需求，选择合适的切入点，在学生遇到困惑或参与性不高时，能够达到事半功倍的效果。

（3）适当的方式。教师要根据教学内容的特点来选择恰当的呈现方式，对重难点问题和一般知识点采取不同的讲解方式，确定播放的顺序、次数和方式。

（4）适宜的解说。教师在课堂引入"微课"之前，最好构思好相应的解说词，合理地引入"微课"当中，观看完"微课"之后，适时地提出问题。适宜的解说可以对"微课"起到锦上添花、画龙点睛和升华主题的作用。

"微课"始终是传统课堂教学的辅助工具，在教学过程中起着配角和助手的功能，"微课"的使用不在于多而在于精，不是用得越多越好，而是越恰当越好。在思想政治理论课课堂教学过程中，应根据所讲课题的具体内容、学生实际情况与需要选择性地使用"微课"进行教学，提高课堂教学的质量。

（二）"微课"在高校思想政治理论课教学过程中的应用方法

1. 创建长效激励机制

思想政治理论课最重要的一个特点就是内容的时效性，信息的高频、持续更新是"微课"应用于思想政治理论课的一个重要前提，内容老旧、过时信息，必然导致大学生思想政治教育的活性度和黏性度大大降低，造成思想政治教育方式和教育受众的脱节。利用一些外在的措施给予思想政治教育工作者们更大的鼓励，激励他们不断更新理论知识并充实自己的理论框架，提高参与制作"微课"的积极性，高校应建立长效激励机制，促进"微课"持续更新，多方面、多途径的促进"微课"在课堂教学中的应用。

教师、学生的肯定和赏识所产生的影响力和推动力，是保证"微课"在课堂中得以应用的重要原因。高校思想理论课的教师一般教学任务比较重、科研压力很大，通过"微课"进行理论课教学势必要占用教师更多的个人时间和精力。把"微课"纳入思想政治理论课教学的整体规划当中，制订切实可行的教学方案、教学大纲和课程内容，确保"微课"能够长期运用。在高校教师的绩效考核当中，建立一些相关的鼓励、奖励政策，建立配套的工作量计算和劳务报酬机制，调动教师的积极性，同时也必须建立相应的精神奖励，在各类职务评聘中，建立相应的关联机制，否则会挫伤教师的积极性。

高校还应建立相应的评价激励制度，定期或不定期地进行"微课"教学比赛，将"微课"上传到学校的网站上，采取在线投票的方法，对关注量和点击率进行统计和排行。设立多种奖项并配套一定数额的奖金或奖品，同时颁发荣誉称号等，以此激励教育工作者们能将这种热情和积极性保持下去，不断地创新思想政治理论课的教学方法。

2. 加强现代教育技术培训

建设一支政治素养高、业务水平精练、生活作风正派的思想政治教育队伍是"微课"应用于高校思想政治理论课教学的保障。人才培养的关键在于教师，教师的理论水平和实践能力的高低决定了高校人才培养的成败，教师队伍的素质决定着"微课"在思想政治理论课教学中的实效性。但是当前高校的思想政治理论课教师队伍普遍地存在着对"微课"认识不够、理论水平不高、管理不到位、教学与科研能力不强等问题，实践能力受到一定的限制，鉴于此，我们必须加强对高校师资队伍的培训，保证大学生思想政治理论课的可持续发展。

建立和完善培训体系，为高校思想政治理论课教师制定培训规划，有重点、分层次、多形式地逐步进行"微课"培训，提高教师"微课"开发技能，使培训工作制度化、系统化，推动思想政治教育者向职业化、专业化方向发展。提高教师的"微课"制作与理论研究水平。鼓励教师组织开展社会实践、外出考察活动，开展各高校教师间的交流与合作，大家相互学习，开阔视野，不断丰富"微课"素材，提高队伍的整体素质和教学能力。支持教师开设小班研讨课，运用研究性、探究式的教学方式，引入"翻转课堂"、慕课等新思路、新方法，不断创新教学手段和方法，在"微课"应用于高校思想政治理论课教学中发挥好引导人的角色。

开展专家讲座，加强教师对"微课"的理解，掌握"微课"开发与设计的原则，提高利用和管理的意识。进行与"微课"开发相关的课程培训，提高教师视频、文字信息的处理能力，包括如何搜索和采集素材，如何加工和整理成课程资源，能够熟练掌握常用制作软件技术。同时也对教师进行认知心理学和美学教育，使其能够从心理学的角度掌握学生的心理变化，了解他们的需求，开发出符合他们认知水平的微课程。另外，"微课"还要形式新颖，有较强的艺术感染力，能够牢牢抓住学生的兴趣，这都需要从美学的角度进行巧妙设计。

3. 开发相应的教育平台

高校思想政治理论课教学方式的创新效果如何，在很大程度上取决于是否有相应的教育平台。大学生"微课"思想政治教育平台有利于打破传统思想政治理论课课堂教学在时间、空间上的限制，提高教学的效率和质量，对于实现真正的"微课"教学和灵活多样的教育有着重要作用。

平台的结构内容主要有以下几个方面：

第一，"微课"思想政治教育平台设计的理论研究和框架结构。包括思想政治教育目标的设计、教育环境的设计、教育资源的设计、学生自主学习的设计、指导性学习的设计、学习评价设计等几个方面。

第二，数字化教学环境。在现有多媒体教室的基础上建设数字化教室，数字化教室配备交互式智能白板、传感器、自动跟踪录播系统、实时编辑生成系统、网上直播系统等软硬件，满足以"学"为中心的新型课程组织形式的教学要求。

第三，丰富教学内容。一是要注意内容的质量，二是要以平台内容引导学生学习。保证教学平台内容的质量就是要提高资源的权威性和实用性。确保平台内容对思想政治理论课教学有帮助，与思想政治课教学目的一致，能够满足学生需要。教学内容要贴近生活、贴近实际以满足学生的实际需要，激发学生兴趣。同时在教学平台上设置自学材料、拓展材料和在线测试。自学材料是每个单元的课件，课件主要是基础知识和重点难点；拓展材料包括教学案例（视频案例、文字案例）和阅读材料；在线测试为单元测试，单元测试中客观题基本都在自学材料中，主观题从教学案例和阅读材料中选取。

第四，平台的管理和维护。平台的管理和维护主要是管理和维护平台资源、平台技术设施，以确保平台正常运行。首先是加强监控，防止不良信息的传播扩散，及时清除有害信息，净化网络教学平台环境，为大学生提供积极健康的学习环境。其次是定期对网络服务器检测，以确保教学平台正常运行，最后在网上设立报修系统，教师、学生在使用平台遇到技术问题时，随时报修或咨询，以尽快解决问题。

4. 深入开展相关理论研究

"微课"在思想政治理论课教学中应用的理论研究不够务实，应用理论研究应该具有鲜明的实践品质，主要是为"微课"的发展以及其在思想政治理论课教学中的应用提供具体的理论支持与指导，着力于解决思想政治理论课教学实践中所出现的各种理论和认识问题，使理论能够真正转化为具体可行的实践方案与方法，解决各种实际问题。纵观发表在各种期刊杂志上的有关"微课"应用理论研究的成果，会发现教育研究者也是在近几年才开始关注"微课"的研究，主要关注点还是在"微课"的概念及对当前的教育影响方面，它的设计、开发与在学科应用方面的研究还是比较少的，停留于表面现象的简单描述，不具备普遍适用的借鉴与指导意义，也谈不上理论的升华与总结。

"微课"在思想政治理论课教学中应用的理论研究应以"学习"为起点，重点放在如何借助"微课"这一新型教学方式达到学习效果，而不是放在"微课"的概念、原理、设计与制作上。虽然，"微课"的优点和局限对于思想政治理论课教学的应用具有一定的影响，但是这并不是主要矛盾，重点是"微课"的运用能否对学习起到促进作用，能否达到教育目的。

"微课"在思想政治理论课教学中应用的理论研究要考虑学习者的初始能力。学习者的初始能力是对进行特定的学科内容的学习已经具备有关知识与技能的基础，以及对其内容的认识与态度。虽然明确了"微课"在高校思想政治理论课教学中的作用，但是对于不同初始能力的学习者来说，"微课"的作用也是不同的。对于同样一个学习内容，是用"微课"的形式还是传统的课堂讲授，对不同的学习者起到的作用是不同的。对于先前知识储备较少的学生来说，传统的课堂讲授明显更具有优势，而对于先前知识积累较多的学生来说，二者差距并不明显。因此，"微课"在思想政治理论课教学中应用的理论研究应考虑学习者的初始能力。

第二节　高校思想政治教学之慕课模式

一、慕课运用于高校思想政治理论课的理论依据

慕课运用于高校思想政治理论课，受到学界和高校思想政治教育理论与实践工作者

的极大关注。高校思想政治理论课为什么要引入慕课，慕课为何能够运用于高校思想政治理论课，是否具有合理性和必要性，这都需要一定的理论依据作为支撑。马克思主义关于人的全面发展的理论是慕课运用于高校思想政治理论课的根本出发点。同时，关联主义学习理论、行为主义学习理论、建构主义学习理论都是高校思想政治理论课应积极引入慕课的重要理论依据。

二、传统模式、慕课模式中高校思想政治理论课的比较分析

慕课模式中的高校思想政治理论课与传统模式中的高校思想政治理论课具有鲜明的区别。下面将从教学时空、教师、学生、教学反馈途径等方面对二者进行比较。

（一）教学时空的变化

在教学时间和空间上，两者的转变主要体现在从"限制性"转向"无限制性"。

传统模式中的思想政治理论课教学是以固定教室为空间、规定时段为时间的时空确定性教学。教师和学生必须在规定的时间和固定的教室中完成授课、学习。在这样的限制性教学中，教师需要付出"重复劳动"，学生的学习效率、学习需求难以保证和满足。首先，对于教师而言，他们每学期都固定为多个班级承担思想政治理论课的公共教学任务，因此在面对同一个教案时，第一次授课是充满激情的，但是在进行多次"重复劳动"后，教师对同一份教案的多次重复使用，难免会出现倦怠和抗拒的情绪。其次，对于学生而言，由于他们学习思想政治必修课的学习兴趣和能力水平参差不齐，教师很难顾及各种情况的学生。为了保证完成教学任务，教师无奈地选择让每一名学生"按照同样的分量进食"，其教学也许只对 1/3 的学生有效，其他 2/3 要么"吃不饱"，要么"吃不消"。最后，思想政治理论课的课程内容还具有偏政治性、严肃、缺乏趣味性的特点，学生很难在一节 45 分钟的课堂上对所有思想政治理论的教学内容保持兴趣和热情。

慕课模式中的思想政治理论课，基于互联网、人工智能、多媒体技术处理、云计算等技术的发展，可以不受时空限制，其教学时空表现与传统模式恰好相反。首先，对于教师而言，其讲授内容只需要提前精心准备并录制成为片段式视频即可满足所有教学班级的上课需求，可避免其倦怠情绪，并在一定程度上减轻教师的工作量。其次，对于学生而言，学生在任何时间、地点都可以参与慕课教学中的片段式教学视频、阶段性小测验、网上辅导反馈、网上提交批改作业、网上社区讨论等环节，实现了学习的"无限制性"，是时间的无限制性。在慕课环境下，教学录像视频主要为片段式，每段 8~12 分钟，学生可以根

据自己的时间、学习节奏安排学习，"吃不消"的学生则可以重播和后退观看，"吃不饱"的学生节奏可以快些，或者根据慕课提供的大量延伸性学习资料，进行深度学习，以达到各取所需的目的。最后，其具有学习空间的无限制性。例如，当学生需要进行思想政治理论课的学习时，无论他们是在学校食堂、公交车上，还是在旅途中，都可以利用移动设备获取各种形式的学习资源，还可以与教师或者其他学生进行交流。无论学生身在何处，他们都可以根据自己的学习意愿和需求，并结合周边的实际环境和情况使用一定的电子设备，灵活地选择学习资源和学习策略。

（二）教师的变化

教师是课程实施的组织者和促进者，也是课程的开发和研究者之一。任何一项教学改革，其实施的成功与否，与教师有着直接的关系。

1. 授课形式的变化

传统模式下的思想政治理论课，其面对的学习内容是相对固定和特定的，具有非常明确的思想政治教学指向与稳定的教学体系。传统的思想政治理论课教师，根据教学大纲的要求，以教材内容为依托，借助其他辅助性工具，以课堂传授为主，辅以课堂讨论和实践性教学，进行思想政治理论教育。因此，教师的讲授和课本的内容构成了授课的主要因素。此外，由于思想政治理论课具有其他学科不可比拟的特殊政治性，教师在授课过程中必须遵循一定的既有要求和准则。在常规的思想政治理论课中，最主要的授课方式采用直线型授课方式，即从概念、原则、意义等出发，直接给出结论，将思想道德、党和国家的政策方针灌输给学生。虽然这几年高校思想政治理论课的教学方法在不断创新，如使用多媒体教学、实践性教学、探究式教学等方式，但"教师在课下费尽心思地准备，在讲台上积极尽力地讲授，却仍无法得到满意的课堂效果"的局面还是部分存在，而这种局面正是当前思想政治理论课教师面临的最难应对的问题，急需通过改革教学模式来解决。

慕课模式下的思想政治理论课，在教学模式方面有较大的创新。课程前期，教学团队要进行课程内容、教学过程、学习探究活动、社会实践的设计。主讲教师在教学团队的配合下录制高质量的教学视频并将课程视频切割成数个独立的"微课程"，重点在于理论和知识要点的讲述。教学团队在平台上介绍课程的教学计划、课程设置及学习考核等事项。课程中期，辅导老师和助教按照教学进度和课程内容有计划地组织若干次讨论、社会实践，把讨论成果和实践成果进行转化并展示。主讲教师与辅导教师、助教一同合作，组织、监控整个教学活动进程，并及时观察学生的思想表现、心理变化。课程后期，教师布置作业并进行结业考核。一般来说，一门慕课的课程周期约为 12 周。

2. 职业角色的变化

教师职业角色最主要的变化是由"知识的传授者"转变为"学习的指导者和促进者"。从"讲台的圣人"，转变为走到学生中间，巡视、观察和帮助学生学习的"启发者"。

传统模式下的思想政治理论课教师一直都是知识的传播者，他们以言语和板书、多媒体为手段，进行思想政治理论的讲授。在这种传统的授课方式中，教师基本上仍保持了一种施教者、而非互动分享者的授课角色，教师常常把学生当作接受教育的被动者，课堂讲什么、怎样讲，讲得深、广、多、寡，对学生的要求等，主动权始终在教师手里。思想政治理论课具有意识形态教育的功能，形式单一、原则性强，教师对于政策理论的讲授，难免会给学生留下一种"教条维护者"的形象，从而导致学生不敢、也无兴趣与其进行更多的沟通、交流。这样的教育是单向性的知识传输，而处于该状态下的教师，美其名曰"知识传授者"，实则是"知识的传输带"。

慕课模式下的思想政治理论课，教师不再只是思想政治理论的呈现者，而是更加注重学生思想行为、道德素质、政治表现的观察者和指导者。课前，学生已经借助网络，通过微课程进行纯理论、纯知识的学习；课内，学生提出自己的疑惑点和问题，与辅导老师或者同学进行大规模互动和讨论，以求解惑。并且，在互动过程中，由于个体经验背景差异，不同学生对于某一现象或某一问题的理解常常各异，而这又源源不断地成为宝贵的课堂生成性学习资源。因此，在慕课环境下，教师已经不是单纯呈现知识，而是根据学生对各种现象的认识和理解，进行调整、引导或强化。

此外，职业角色的变化还体现在群体分化上，会出现思想政治理论课明星教师与普通教师的分化。慕课不断发展，教师群体的职能不断分化、重组。那些教学能力突出、科研能力显著的著名教授肯定是学生的首要选课对象，而大部分教师则有可能由思想理论的线上讲授者转变为线下的辅导老师或助教，从事辅助性的工作，如解答大学生的疑难问题、组织学生讨论、教学内容收集及幕后制作编审等。

3. 职业能力要求的变化

当代教育正从"知识本位"走向"综合素质本位"。毋庸置疑，随着慕课的发展，国家、学校、社会对思想政治理论课教师队伍的职业要求必将不断提高，并成多元化趋势。

传统模式下的思想政治理论课，对教师职业素质最基本的要求是，具有坚定的马克思主义信仰和社会主义信念，善于运用马克思主义的立场观点开展世界观、人生观、价值观教育，能把握学生思想品德形成、发展规律，分析、解决学生思想问题与实际问题。归根结底，这主要包含马克思主义理论素养、教师基本职业技能两方面。符合这两项要求，就具备了成为一名合格的思想政治理论课教师的基本条件。

慕课模式下的思想政治理论课，教师仍然需要具备较高的马克思主义理论素养和教师基本技能，能够正确引导学生情感态度价值观发展，并以自己的言行促进学生道德的发展，这是思想政治理论教育工作者应具备的素质和本领。除此之外，慕课对教师提出了更高的能力要求。首先，具有现代网络信息技术能力。目前，我国大部分思想政治理论课教师在教学中都运用了形式多样的多媒体教学方法，积累了较为丰富的技能和经验。但是慕课这种全新的教育模式，不再仅仅局限于简单的课件制作、内容开发，而是囊括了一系列在线互动、在线考评等技术环节过程。其次，具有多元的知识背景和渊博的知识储备。在互联网里，人人平等，教师能使用的素材和资源，学生也同样能接触到。现在更多的情况是，学生还能掌握教师所没有了解到的知识、信息。而且，在慕课环境下，互动性越强，学生提出的问题就有可能越多、越复杂，这些情况教师难以做出准确的提前预估。为了很好地应对以上提到的这些情况，也就意味着，教师不仅要将整个课程内容烂熟于心，还要掌握更为多元的知识，并且能够根据社会发展的实际情况进行拓展性地解读与回答。

（三）学生的变化

教育的本质是学习，"学"才是教育的本体，"教"原本就是用来帮助"学"的，学生居于教育活动的中心。在思想政治理论课的改革中，引入慕课模式，不得不探讨其对学生的影响和改变。

1. 学习态度的改变

思想政治理论课引入慕课，是否有效，关键点在于学生是否能够将被动的学习态度转变为主动的学习态度，从"要我学"转换到"我要学"。

传统模式下的思想政治理论课，尽管教师不断地改善教学方法，但最终实效性都不大。究其原因，是学生在接受学习时的态度问题。一些学生对思想政治理论课持有一定偏见，学习热情较低，认为"思想理论与现实不符""课程内容枯燥无味""理论高大上"。因此，在课堂上消极被动，或是忽视教师，自顾自地阅览自己喜欢的书籍，或是索性逃课躲避。还有一些学生迫于这是公共必修课，勉强应付。

慕课模式下的思想政治理论课，要求学生以更为主动的姿态进行交互学习、自我学习。首先，开放的网络环境下，学习资源更为优质丰富，学习途径更为便捷，即使对思想政治理论课存在偏见，但总能从众多选择中找到自己喜欢的课。其次，慕课这种近乎自由的学习方式，要求学生有更强的自主性和自我控制力，在没有外界监督的情况下，自觉地屏蔽一切干扰因素、抵制互联网其他分散注意力的信息，冷静思考，专心学习。这一切对学生的自主性、理解水平和学习能力等要求较高。最后，需要学生从应试教育、被动式的"要我学"状态转变为积极、主动的"我要学"状态。

2. 学习方式的转变

学生的学习方式由"填鸭式学习"转变为"交互式学习、移动式学习"，由原来的"课上学习、课后巩固"变为"课前学习、课堂研究、课后巩固"，学生不再被动地接受知识，而是主动地带着疑问积极建构自己的知识体系。

传统模式下的思想政治教育理论课，学生接受知识的主渠道还是学校课堂。通常情况下，必修课占据了大部分课时，而且限于校园环境的相对封闭性，他们难以接收到外部的学习资源。思想政治理论课中的思想观点和内容几乎都是结论性的，学生只有在课堂上机械地、统一地、单向地接受。这样，学生对知识的吸收和掌握发生在课堂上，而对知识的内化过程则发生在他们课后对现实生活中观察、思考和感受中。但是，这样的方式容易导致学生在内化过程中的疑惑和问题，没能进行适时地解答和引导，而且内化过程中，学生思想、情感、心理发生的各种细微变化，教师无法及时感受到，这最终会影响思想政治教育的实效性和有效性。

慕课模式下的思想政治理论课，知识的吸收和内化过程发生了改变。布鲁姆的认知分类法由六种不同认知层次的思维水平组成，即识记、理解、应用、分析、综合和评价。其中，识记、理解、应用三个层次属于比较低层次的认知水平，对于具有一定学习能力的学生来说，在课前完成知识的识记、理解，以及简单的应用不成问题，处于大学阶段的学生由于知识储备和社会阅历有限，对于分析、综合尤其是评价，需要教师的适当引导。根据心理学研究，人的高效专注时间为15~20分钟，因此在慕课环境下，课程内容通常按照这个时长将一段完整的视频剪辑成多段微视频。课前，利用碎片化的时间，并根据自己的学习水平有选择地学习。课中，针对课前发现的难点和疑问，学生之间进行充分的协作探究和互动交流，相互启发，使思想在一次次交流中升华。学生对知识的识得过程发生在课前，知识的内化与悟得过程发生在课堂上。学生"不再是张嘴待填的鸭子，而是积极主动觅食的小蜜蜂"。

3. 学习效果的变化

传统模式下的思想政治理论课，由于一些主观和客观因素的影响，导致学生的学习效果普遍不高。教师的授课内容与学生身边的现实需求之间缺少快速而直接有效的回应、对接，学生想听的教师没有讲授，学生不关注的事件，教师也没有努力引发学生的关注兴趣，这样教师和学生很难在感情上产生共鸣。

慕课模式下的思想政治理论课，由于运作方式的新颖性、教学内容的丰富性、教学方式的多样性，其在学生范围内受到的欢迎程度和所能达到的课堂效果，与上述情况截然不同。学生通过慕课平台进行自由选择，可以获得来自不同大学的不同教学风格的不同教学版本，因而可以产生不同的教学感受。多元的选择，能极大地满足不同学生的兴趣差异，不同类型的学生都能从自己喜欢的慕课中寻找到自己的兴趣点。在兴趣的帮助下，教育内容中所蕴含的思维认知和价值判断的导向，就能够自然而然地以充分满足学生视听习惯和欣赏习惯的方式，对他们的思维与行为产生潜移默化地引导。

（四）教学反馈途径的变化

教学反馈贯穿于教学过程的始终，是教学的重要组成部分。在教学过程中，教师既要负责教学信息的传送，又要重视学生的反馈信息。学生也不是单纯地接受知识，他们要将加工与处理的信息通过一定的方式输出。对教师来讲，学生输出的信息就是对教师教学的反馈，教师必须根据这些合理的教学反馈信息分析自己的教学活动过程，并做出及时和必要的调整与修正。对于学生来讲，他们要从教师那里获得关于自己学习行为、学习效果的反馈，并根据教师的反馈，对自己的学习活动进行总结、反思，并及时改进自己的学习方法及方式。这样，教师和学生双方才能在教学中处于一种正常而积极的状态。可以说，没有教学反馈，就不是完整的教学。

传统的思想政治理论课，师生之间的教学反馈存在不对等、不平衡的问题。学生对教师的教学反馈体现出单向性、滞后性特点，教师对学生的反馈评价介质以纸质评价为主。首先，在目前思想政治理论课的教学反馈中，更多的是学生对教师的单向反馈，而教师对学生、学校教学分管领导的反馈少之又少，这是教学反馈单向性的表现。并且，通常是在每一门思想政治理论课结束后，学生才对教师的教学进行评价、反馈，这不利于满足学生某段时刻的知识诉求。课程结束后，教师接收到教学反馈并做出教学调整，但反馈信息的当事学生可能已无机会感受。而且，由于教育对象的更换，教师为上一批教育对象所作出的调整有可能无法适用于下一批教育对象。这是教学反馈滞后性的表现。其次，当前教师对学生的学习反馈，主要是以纸质的作业和期末考试为主，其他语言上或活动上的沟通反馈较少，这样的反馈是片面、单薄的。

慕课模式下的思想政治理论课，其教学反馈具有交互性、即时性的特点。互联网的社交平台是一个虚拟的学习社区，师生、生生之间的交流互动快速而便捷。一方面，大数据能深入分析每个学生学习过程的各个环节，使教师随时掌握每个学生的状况并能及时地进行反馈和指导，反馈时间大大缩短，对学生的潜在帮助会更大。另一方面，教师能在授课前、授课中、授课后的任一时间段接收学生的信息反馈，这有利于教师调整、改进教学内容和思路。

三、慕课模式下高校思想政治理论课的建设策略分析

慕课以其自身独特的教育观念、教学理念和教学模式冲击着传统高校高等教育的授课形式、教学过程和课程设计。慕课为高校思想政治理论课的教学改革提供了良好的契机和平台。对于慕课运用于思想政治理论课当中表现出的不足和提出的挑战，我们要积极应对，扬长避短，为此，我们要努力做好慕课模式下高校思想政治理论课的课前、课中、课后三个阶段的建设。

（一）慕课模式下高校思想政治理论课的课前阶段

在课前阶段，需要达成"知识与能力目标"。因此，该阶段师生之间的活动主要围绕知识性内容展开，主要涉及微课程的设计与制作、学生的自主学习等环节。

1. 依托教学大纲，构建微课程教学逻辑体系

教学团队在对教学目标、内容总体认识和把握的基础上，围绕教学重点、难点、疑点，以提出问题、分析问题、解决问题为线索，细化主题层次，构建逻辑体系。教学团队根据教学大纲，对具体章节的内容进行梳理、归纳后，通过逻辑层次的细化，预设一级主题，然后把主题细化为二级、三级层次，如有需要可以再细化到第四级层次。围绕一级主题的二级、三级主题构成若干个微课程教学单元。

2. 录制微视频，制作微课程

慕课教学中主题设计这个最主要的部分已经解决，接下来就是微课程视频的制作。教师通过集体备课，选择擅长某一部分教学内容的教师分别录制四段微课程视频，每个微视频的时间分别为 8~10 分钟，组成 1 个课时的教学内容。每段微视频的尾声均设置 1~2 道作为通关游戏的问题，只有通过上一段微视频的游戏关卡，才能进入下一段微视频的学习。最后将录制好的微视频、课程的参考资料、时事政策、社会热点问题等学习资料，一并放到慕课平台以供学生学习。

3. 发布课程资源，开展线上自主学习阶段

教学团队将课程信息发布到学习网站上，学生通过浏览网站基本了解课程的内容和时间安排，可以根据自身实际需要在网上注册。学生的注册信息将被汇总，由教师组成的教学团队根据注册人数进行分班管理。

线上自主学习的阶段，学生在教师的教学计划引导下，进行某一课时的自主学习。值得指出的是，在每一段微课程单元的视频中都会穿插小测试的游戏闯关环节，学生需要成功闯过上一关小测验，才能开始下一关的学习，只有成功闯过1个课时内所有小测验，自主学习阶段才算完成，而测试的结果也会马上反馈给教学团队。这样，原来课堂上用于传授知识的时间就被节省了出来。

（二）慕课模式下高校思想政治理论课的课中阶段

此阶段主要包括线上的社区交流以及线下见面、小班讨论等。该阶段应特别突出学生的主体地位，教师只扮演学习活动的协调者和促进者角色。在此阶段，目前国内较为成熟的思想政治理论课的慕课教学中，分别按照1：50和1：25配备见面课和论坛讨论的辅导老师和研究生助教。辅导老师和研究生助教主要负责积极引导与组织学生就某个问题进行讨论，加深对知识的理解，让学生学会用理论分析和解决实际问题的方法，最后负责归纳、总结课堂讨论的观点。一方面，在讨论互动中，学生体验着感情、思想不断变化的过程，最终对抽象的政治理论形成新的认知；另一方面，课堂讨论为学生营造了一个快乐、轻松的学习氛围，将知识的接受变为知识的互动，这种思辨式、互动式的教学，比单一的理论灌输效果要好，能达到知识培育的最大优化。

1. 借助见面课，教师转变为学生学习的协助者

在慕课模式下的课中阶段，教师由决定者变为协助者，教师的实际工作量并未减少反而有所增加。教师除了要确保课程结构编排的合理性外，还要及时调整、优化课程内容，建立与学生的联系渠道，提供支持服务协助学生学习，并学会运用信息技术等方式收集信息，及时掌握学生的学习动态等。

课中阶段的见面课，主讲教师、辅导教师、助教的工作重点就是组织课堂讨论、对学生的问题进行实时的答疑解惑，这是传统教学所无法实现的。在传统课堂中，教师按照教学计划授课，为保证正常教学进度，无法在课堂上间断性地、及时地解答学生的疑惑，而思想政治课的主要任务就是帮助学生形成正确的世界观、人生观和价值观，因此，师生之间的实时交流对于思想政治理论课意义重大。利用慕课平台，可以实现学生有问题即时

提、教师即时解答的模式。一方面，能够真正形成师生之间的良性互动，推动思想政治理论课的转型；另一方面，一般学科中慕课所体现出来的"教师人格魅力难以彰显"的劣势，就能得到有效解决，进而最大限度地发挥慕课的优势。

2.利用社区交流论坛，学生开展自主讨论

学生在完成自主学习后，将自己对课程知识的疑问，以发帖的形式放到学习网站的讨论区，同时利用诸如贴吧、博客、微博等网络平台，将自己的心得体会、学习笔记与其他学生分享。这种互动和讨论对人文类课程来说尤其重要，很多时候不同的观点在网络空间上的碰撞就会激发出新的灵感和火花。学生的讨论与发言，成为学生最终考核的重要组成部分，有了分数的激励，大家会很积极地发言。在课堂上经过小组讨论和共同探究等环节，学生之间思想激荡、观点交锋，相较于令人昏昏欲睡的灌输式教学，无疑提高了教学效果，促进了学生思考，并有利于更好地培养学生的民主参与意识、合作互助精神等品格，这相较于照本宣科的道德教育更有现实意义。

（三）慕课模式下高校思想政治理论课的课后阶段

此阶段对于思想政治理论课而言，最适合的是安排实践教学，进行期末考试，颁发结业证书。

1.进行实践性教学

该阶段，我们可以从无变有，从少变多，切实增加实践性教学的课时数，以弥补"一般情况下，慕课实践教学环节缺失"的劣势。这里所说的实践性教学，包括社会实践、校内实践，即将政治理论与实际相结合，指导学生到实践中去调查研究、分析和解决社会问题。学生可以围绕一个主题，组成社会实践小组，在教学团队的支持下开展各种形式的社会实践。这不仅有利于促进学生加深对马克思主义基本理论的理解，而且可以帮助学生建立起协作学习的关系网络，将知识学习变为社会协作化活动，学生将原本局限于个体自身的知识培育变成了集体智慧的构建，同时，针对学生在课后继续学习所产生的新的认知，教学团队可以最终以此完善课程内容。为了更大地发挥慕课的优势，弥补其劣势带来的消极影响，建议在一般慕课流程的"进阶自主学习""见面讨论课"的基础上，增加一定课时量的"实践教学"环节。在课后阶段适当安排融入社会实践活动、系列的专家辅导报告辩论比赛、时事热点比赛、知识问答等实践教学环节。

社会实践方面。无论是在思想政治理论课的课内还是课外，社会实践活动都是大学生了解社会、认识社会、深入社会的一个很好的途径。同时，大量的学术报告和讲座也在大学中开展，学生平时大多是基于自己的兴趣有选择性地听一部分，但如果将一些与课程相关的讲座纳入课程的考核体系中来，则会督促和激励学生去听讲座和报告，从而拓宽学生思路，丰富知识。

校内实践方面。校内实践也是学生交流、学习的重要环节。在慕课的课程设计上，除了小组内的讨论与交流之外，还可以在课后组织小组间的辩论赛，如对马克思主义价值观和非马克思主义价值观分别进行准备的小组就可以针对一些具体问题进行辩论。辩论的过程中不仅是这两个小组受益，针锋相对、唇枪舌剑的辩论也会让课堂更有趣味，吸引学生的关注。同时，时事热点比赛和知识问答等活动形式也能达到类似的效果。

当然，慕课模式下的思想政治理论课实践教学环节的具体操作仍然需要教师团队的统筹和安排，由主讲教师布置实践专题或设计调研内容，由助教带领小组参与社会实践或者开展其他第二课堂活动。将实践教学的精彩过程通过 PPT、视频、调研报告或其他载体形式表现出来，发布在论坛或社区上公开分享。

2. 进行期末考核

在慕课模式下，对学生的期末考核仍然采用线上测试的方法完成，这样可以不受空间的限制。但这要求教师和教学管理者必须建立一套完备的在线试题库，进行合理的试题管理。

期末考核，不仅要参考学生的期末测验成绩，更重要的是依据大数据，参看学生平时学习、交流的各项细节数据，从而对学生做出公正、合理的评价。

以上的策略建设分析，主要是运用慕课的教学理念和技术，从课前阶段、课中阶段、课后阶段三个阶段对高校政治理论课的教学进行全方位地再造。目的是在一种轻松互动的非正式学习的氛围中，帮助学生在不同的阶段获得不同的学习体验，充分享受自我参与、自我组织的学习快乐，使得思想政治理论课的学习不再是一味的枯燥知识的搬运，而是知识的生成与增长。

第三节　高校思想政治教学之直播互动教学模式

移动互联时代下，直播互动教学受到了各方密切关注，它以移动互联网为支撑技术来开展学与教活动，具有虚实融合、即时互动和开放参与等特点，成为移动互联时代教育发展的新方向。本节将围绕直播互动教学模式在高校思想政治教学中的应用展开系统的论述。

一、网络直播概述

（一）网络直播的定义与发展历程

广义上的网络直播是指在现场随着事件的发生、发展进程同步制作和发布信息，具有双向流通过程的信息网络发布方式；狭义上的网络直播就是直播者利用移动设备如手机、平板电脑或笔记本电脑连接网络，然后通过摄像头向受众展现自身以及自身的表演，而这样的直播者称为"网络主播"。

2016年之前，主要是以虎牙直播、YY直播、斗鱼直播等为代表的PC客户端直播平台，直播内容主要是游戏直播；2016年之后，主要是以花椒直播与映客直播为代表的移动客户端（如手机、平板电脑）直播平台，直播内容主要是秀场直播，每个人只需在网络直播平台上注册一个账号就可以进行直播和观看直播，或者利用第三方账号也可以直接登录，如QQ、微信、新浪微博账号等。观众可以在线充值购买虚拟礼物赠予主播者，此称为"打赏"，主播可以通过绑定一个手机号码将观众打赏的虚拟礼物进行提现，变为可以流通的币值用以正常消费，因此，直播者可以通过直播行为获得收益，而且从现有数据来看，直播者收益颇丰。从直播受众来说，其中有着极强的等级制度，直播软件在主播的个人主页根据打赏的礼物数量将打赏者进行排名，打赏礼物越多者自身的等级也就越高，高等级的观看者进入主播的直播间时会享受更优待遇，如会有动画特效，而且主播会主动跟你问好。收入稍多的主播看到等级低的观看者发送的弹幕或者廉价礼物，基本不会跟你问好或者表达谢意。在这样的等级制度的激励下，受众往往会为了赢得所谓的尊重而花费大量金钱去打赏。

（二）网络直播的特点

网络直播具有内容生产、社交互动、用户打赏三大基本属性。其中，内容生产是网络直播的基础，社交互动是网络直播的本质，用户打赏是网络直播的重要动力，三大属性决定了主播和用户的密切联系，使其区别于传统电视传播。

1. 主播与用户共同生产内容

与传统电视直播以主播生产内容为主导不同，网络直播是以主播与用户共同生产内容的方式生存。传统的电视直播侧重于宏大客观事件的报道，其背后是专业化的生产与制作团队以及专业化的机器与设备的支持，而网络直播受移动网络技术的推动，尤其是弹幕的产生与应用，使网络用户在直播面前的主动性和能动性得到极大增强，"众多的网络直播平台所展现的已经不仅是一个可以让个体倾诉、展演的梦想舞台，而逐渐成为整个社会的浮世绘"。在主播和用户的共同演绎下，网络直播的内容也由公共空间向私人领域扩展。

2. 实时互动

实时互动是网络直播与传统直播的根本区别。直播从电视移植到网络后，受众可以留言评论，从而形成受众之间的互动；个人秀场的出现使得受众有机会参与直播的制作，秀场主播会根据粉丝的意见随时改变节目的内容；移动视频直播融入了社交因素，互动性进一步加强。与随时发布信息的微博相比，网络直播进一步走向现场实时发布；与及时交流的微信相比，网络直播又在实时互动上胜出一筹。在大众传播中，其传播模式基本上是单向的，具有延迟性、间接性等特点，网络直播的出现打破了时空的界限，使"一对多"的实时互动成为可能，随着交互体验升级，VR 和 AR 等技术的介入，直播交互将更具沉浸感与参与感，其提供的是更具有个性、更加平等的新的传播方式。

3. 用户打赏

传统的电视直播更多的是履行媒体的社会责任，因此基本上不会直接涉及经济利益的交换。网络直播则不同，由于大多情况下是个体行为，用户对其欣赏和认可的主播通过赠送虚拟礼物等形式进行打赏，可以激励主播更好地进行直播。"打赏模式符合'以用户为中心'的原则，一切从用户需要出发。打赏模式实际上是网络虚拟物品赠送模式上的创新，也是建立在网络支付和移动支付业务成熟的基础上的。"

（三）网络直播的类型

从不同的角度出发，网络直播可以划分出不同的类型。

1. 按直播形式划分

按直播形式可分为秀场直播、游戏直播和泛娱乐直播三类。秀场直播在我国最早出现，是以才艺者表演和互动为主的直播形式，典型的有 YY、9158、六间房等；游戏直播主要指直播解说游戏、电子竞技比赛等直播形式，典型的有斗鱼、虎牙、熊猫等；泛娱乐直播是秀场、游戏以外的直播形式，由个人社交直播和专业垂直直播构成，走出室内秀场和游戏机房，进行文艺演出、体育赛事、旅游景点、日常生活等直播，是现阶段最流行的直播形式。

2. 按内容生产方式划分

从内容生产方式上说，可以分为 UGC 直播、PUGC 直播、PGC 直播和 BGC 直播。

UGC 直播，即用户生产内容（User Generated Content）直播是由从事网络直播内容的用户创作和发布，是秀场、游戏、社交等直播的内容生产方式，也是一种去中心化的传播方式。人人都可直播，其覆盖面广、生产量大、内容参差不齐。PUGC（Professionally User Generated Content）直播，是指在工作室、经纪公司等组织的专业指导下的用户生产内容直播，作为 UGC 升级版，PUGC 在一定程度上解决了内容泛滥、质量较低等问题。PGC（Professionally Generated Content）直播是专业制作内容直播，由专业团队制作运营，如体育直播、财经直播、教育直播等。BGC（Brand Generated Content）直播是品牌内容生产直播，是具有营销工具属性的直播形式，企业通过直播展现产品、服务、品牌的内涵、文化和价值观等，如淘宝和聚美优品等。

3. 按直播平台属性划分

从直播平台属性上说，可分为原生性直播平台和衍生性直播平台。原生性直播平台专业从事网络直播，多数秀场直播和游戏直播平台都是原生性平台。衍生性直播平台是社交、视频、门户、电商等其他平台介入直播，通过网络直播增加用户购买力、延长产业链，以保持行业领先地位。

（四）网络直播规制的历史演进与主要问题

1. 历史演进

网络直播的规制是伴随着网络直播的发展而逐步酝酿、成熟起来的，大致来说，经过了网络直播监管体制的酝酿期、架构期和成熟期三个阶段。

（1）酝酿期。监管体制的酝酿期始于 21 世纪初，当时网络直播尚处于初始阶段，尚未对社会产生严重的负面性影响。该时期网络直播规制的主要特征是，专门针对网络直播的法律法规尚未出台，但是，在与互联网管理相关的法律法规中已出现相应的条款或司法解释，具体的管理监督职责由相关的政府部门分散承担，各自独立，没有形成系统化的监管体制。

（2）架构期。监管体制的架构期始于 2010 年前后，当时网络直播进入了网络游戏直播阶段，网络直播几乎成为全民关注和参与的一种社会活动。该时期网络直播规制的主要特征是，涉及网络直播的法律法规的数量明显增多且呈现体系化趋势，与此相应的是监管体制开始架构，监管主体仍然分别由国家相关部门担任，相互配合，但仍然是平行架构，各部门之间无主次关系。

（3）成熟期。监管体制的成熟期始于 2016 年前后，此时网络直播行业内部已进入白热化竞争阶段，网络直播屡屡出现挑战法律底线和道德底线的事件，社会负面效应显现。为了加强网络直播的规制，国家陆续出台了一系列专项法律规定，并于 2017 年组建了国家互联网信息办公室，初步形成了网络直播的法律体系和网信办协调下的多部门共同管理的制度形式。

2. 主要问题

自 21 世纪初以来，经过近 20 年的不懈努力，符合中国特色的网络直播监管体制目前已基本成熟，并在引导中国网络直播的持续健康发展方面，发挥着无可替代的积极作用。但是，不容回避的是，网络直播发展的速度与轨迹大大超出了人们的预期，在丰富民众精神生活的同时，也出现了诸多社会问题。反思网络直播规制的演进，分析网络直播规制的现状，可以发现中国网络直播监管体制尚存在一些亟待解决的问题。

（1）顶层架构有待强化。目前网络直播的监管主体由网信办承担，其他部委办配合，看似监管体系完备，部委办各司其职，但是网信办缺乏统筹全局的权威，容易造成政出多门的弊端，降低行政执法的效率。

（2）法律地位有待提升。目前网络直播的法律体系事实上仍然是不够完整的，特别是缺乏一部专门针对网络直播的法律，网络直播监管的法律依据更多的是与此相关的法律或部门规范性文件。

（3）监管对象有待拓展。目前网络直播监管的对象，主要是网络直播平台，并通过平台对网络主播进行日常管理，政府监管部门未能实现对整个网络直播生态链的穿透式监管。

（4）监管手段有待加强。目前针对网络直播不端、不法行为，给予行政处罚和追究法律责任并举，但是，对于游走于法律空白或模糊地带却又明显违反社会道德的行为，处罚力度过轻，威慑力不足。

（五）网络直播的发展趋势

1. 直播成为新闻报道的重要选择

真实性和时效性是新闻的基本特征，真实性是新闻的生命，且没有时效性的新闻是没有价值的。全民直播时代的到来，广大群众对事件的传播，尤其是突发事件的传播，起到不容忽视的作用，每个网民都可能成为突发事件的记录者和传播者。通过直播把突发事件全面、立体地展现在观众面前，形成"人人即媒体"的传播格局。录播的视频可能会经过很多道剪辑和处理的工序，不能很好地展现新闻的真实性，而直播是直接将事件进程完整地展现在观众眼前，没有经过任何加工，更好地体现了真实性，直播将会逐渐成为新闻报道的重要选择。

2. 教育培训逐渐转向网络直播

越来越多的教育培训机构开始将目光转向网络直播，例如，公职培训、语言教育、技能培训等，这些教育行业都开始开办自己的网络直播课程。网络直播可以最大限度地减少空间和时间的限制，教师和学生不用每天去固定的教室上课，在自己家里就可以完成教学与学习的过程，而且直播后有录播，可以随时重复观看，从而巩固知识。粉笔公考就是直播互动教学的典型代表，他们没有线下面授课程，都是通过网络直播互动教学，学生购买课程后，机构会给学生邮寄相应的讲义书籍，还会让学生加入督学群，由班主任进行线上督学，直播课程听过后，可以随时回看录播课程，保证学习效果。

3. 明星互动进驻直播平台

继微博之后，明星们又纷纷注意到直播的宣传效果，开始进驻直播平台。相较于微博，网络直播平台拥有更强大、更便捷的互动功能。明星在直播过程中可以看到粉丝的弹幕，并进行回复，直播对于明星新作品的宣传、舆论的澄清，都有着更显著的传播效果。

4. 通过直播平台直播执法行动

长久以来，基层执法队伍在执法过程中，往往因为一些执法细节问题而引发公众的争议。顺应新形式的执法要求，执法队伍可以通过直播平台来直播执法行动，没有任何排练和剪辑的直播，使执法更加规范化、透明化，最大限度地确保执法公平公正，也有利于公众了解执法要求，增强公众对执法队伍的执法信任。例如，西安交警通过网络直播查处酒驾行动，结合查处的几名酒驾者，将交警的管理职能、执法规范性进行介绍和展示，对执法过程进行详细的讲解，帮助民众通过真实情境学习交通知识，也接受广大网友的监督，做到透明执法。

二、直播互动教学的优势

（一）实时直播交流，实现网络课程的交互性

传统的网络在线学习主要从"教师"的角度出发设置课程，重点着眼于课程内容的优化，缺少了对学生学习活动的关注。通过实时直播交流，教师可以通过直播的视音频技术和网络通信技术实现和学生的交流互动和回答解疑。在沪江 CCtalk 中，学生可以通过讨论区的实时评论对教师的讲解内容进行提问，并且教师可以选择学生进行回答问题，弥补了

传统网络课程的单向传授的缺陷，更加关注了学生的本体性，注重学生学习过程的交流，有利于更好地帮助学生、维持学习动机。

（二）模拟真实的教学环境，促进教学媒介的发展

实时直播互动教学，相当于将课程网络化。学生在进行学习的过程中，除了能够通过视觉观看教师的教学行为外，还能够听到教师的声音，并且能够进行实时的交流互动，模拟了真实的教学环境。相比于传统的网络课程，将课程从"线下"生硬的搬到网络中，实时直播互动教学更加体现了在线教育的理念，有利于学生展开学习和交流互动，从而提高教学质量学习效率。

（三）促进教育均衡，实现教育资源共享化

通过实时直播互动教学，借助互联网的技术，教师可以与世界各地的学生进行沟通，学生也能够接收一线教师的教学内容，缩小了城乡教育质量的差距。通过实时在线直播互动教学，偏远地区能够了解到发达地区的先进教育水平和设备，有利于先进教学理念的传播和扩散，使乡村教师能够及时接收到各种多媒体应用到教学中的案例，从而帮助教师进行课程设计和开发，推动教育信息化的发展。

（四）扩大受众范围，提高教师教学效率

传统教育的受众人群往往是40~50人，有些甚至更少，属于小班教学。这些课堂环境规划是基于学生的学习环境、经济支出和人力消耗出发进行设置的。而基于互联网的直播互动教学，在通信设备和网络信号良好的情况下，教师开展课堂教学可以容纳数百甚至数千名学生。在教学质量得以保障的情况下，直播互动教学更大程度地容纳了有课程需求的学生，提高了教师的教学效率。同时，在网络环境下，即使受众人群比较大，相比于传统的教学课堂，环境嘈杂的影响因素较小，教师可以将更多的精力集中在课程内容的讲授上，极大地提高了教学质量。

（五）多样化教学情境，再现课程内容的场景

基于网络各种直播软件的功能，主持人可以在不同的场景实时进行内容的直播。同样，在教学内容中，大多数的讲授内容都贴近现实生活，实时直播就提供了直观的教学场景模拟。学习内容不再局限于教师的讲授，教师可以在讲授某个内容时选择合适的场景。

三、直播互动教学存在的现实问题

（一）教师的教学压力较大，需要筛选优秀教师

实时直播互动教学相对录播教学，对教师的教学水平要求更高。录播过程中，教师可以进行反复的演练和准备，选择录播效果最优的视频进行发表，并且录播课程可以在后期进行适当的修改，从而减小了教师的压力。而直播互动教学却反映了教学的实时性，视频不能进行多次的修改和编辑，虽然同样可以进行录播，方便学生回看，但在一定程度上要求教师讲课内容的流畅性和有效性，以及对教学内容的熟悉性，课堂反应的灵活性。在全国教师中筛选优秀教师，确保教学质量也是一大难点。

（二）对网络通信技术的要求更高

录播课程的方式，学生可以在不同的时段观看视频，减少了网络的实时流量，从而更容易保障视频的流畅性。而在实时直播过程中，学生在同一时段观看视频，如果学生人数过多，容易造成网络负载过大，形成视频卡顿、语音和画面不同步等情况，从而降低实时直播互动教学的效率。所以，在实时直播互动教学过程中，对网络的通信要求更高，并且需要满足大量的人同时流畅地观看视频和进行讨论，确保教学过程的实时流畅性。

（三）同伴关系的影响效果较低

在传统的课堂教学中，学生能够不断地进行学习并产生鼓励机制内我提醒，除了教师的刺激外，同伴关系的刺激也占很大的比例，即学习的人为环境。学生在学习氛围浓厚的学习环境下进行学习，内部机制会产生一定的心理暗示，促进学生学习行为的产生并持续不断的维持。在实时直播互动教学过程中，学生独立于一个单一的环境中，对相互进行学习的同伴观察较少甚至没有，从而同伴关系的影响可能性也随之减少。

四、新媒体环境下思想政治直播互动教学的应用策略

（一）思想政治课进行直播互动教学的优势

思想政治课进行网络直播互动教学正是顺应互联网时代发展要求，通过利用数字摄像技术创设具有思想政治课教育内容和情境的视频音像来对学生开展有计划、有目标的在线

教学活动。

1. 有助于缓解思想政治课教学危机

高校思想政治课教学面临危机，乃是近年来多数一线教师的切身体会。有些高校思想政治课堂上出现了教师与学生相互隔膜的情形，即在整个教学过程中师生之间几乎处于零交流、零互动的状况，甚至出现了所谓的教育"负效果"。思想政治课教学危机的产生，无疑是多种因素的"合力"造成的。撇开学生和外界影响因素不论，仅就教育教学层面而言，可以说思想政治课教学不能仅停留于单纯的课堂理论讲解，也不能完全是知识教育与信仰教育，而要让学生更多地在实践过程中体验、理解和认同。然而实践教学或囿于经费、场地、组织、管理等因素而难以落实落细。网络直播互动教学借助以数字摄像技术为核心的现代高科技手段生成极具吸引力的视频音像，能够有效整合课堂理论教学与社会实践活动。加之 VR 技术在教学中的运用，无疑会大大提升直播体验，让学生在"身临其境"的直播互动过程中学习、理解、认同马克思主义理论及其中国化成果，进而不同程度地解决思想政治教育出现的"负效果"，有效化解思想政治课教学危机。

2. 有助于创新思想政治课教学模式

随着国务院推进"互联网+"行动意见的出台，互联网与传统领域如农业、制造、医疗、交通、教育等的深度对接成为今后我国互联网技术布局、发展的基本趋势，也必将深刻影响人们尤其是青少年群体的思维方式、生活方式和知识接受方式。值此互联网技术"君临天下"之际，思想政治课教师显然不能漠视或回避，而要顺应数字化时代发展潮流，正视互联网技术给大学生带来的巨大冲击力，积极探索更为有效的蕴含数字化特点的思想政治课教学新模式。在数字化技术广泛应用于教学和科研的今天，依托"互联网+"理念来开展网络直播互动教学就显得尤为迫切和必要。在此情境之下，思想政治教育必须充分发挥教师的创新性能力，将网络直播与思想政治课进行深度融合和有效对接，创设契合思想政治课自身特色的网络直播互动教学平台，寻求数字化时代思想政治课教学生存和发展空间。

3. 有助于拓展思想政治课教学场所

传统思想政治课教学场所主要是教室，或校内其他场所，条件允许时可能会移至校外，如爱国主义教育实践基地等实体场所，通常情况下是教师讲解理论，学生听课学习。这种面对面的现场教学便于组织管理教学、减少教学成本、把握教学进度，但是单一、固定的教学场所和程序化的在场教学容易造成学生的"审美疲劳"。网络直播互动教学则没有特定教学场所的局限，能够最大限度地利用、整合学生的零碎时间，具备其他传统教学无法比拟的优势，如从面对面教学转向机对机教学，从固定时间学习转向随时上线学习，从实体场所教学转向虚拟场所教学，极大地改变了思想政治课的教学生态模式。在网络直播平台的助推下，思想政治课教学不再局限于教室、校园、实践基地等实体场所，通过网络虚拟空间，学生能够随时点击收看教师的直播互动教学内容，并与教师进行双向交流互动，搭建更为便捷、更加多元、更趋灵活的教学场所，从根本上拓展了思想政治课教学的时空场域。

4.有助于激发大学生参与教学的积极性

大学生缺乏学习思想政治课的兴致，缺少参与思想政治课教学的动力，是目前高校思想政治教育面临的最大困境。倘要切实提高大学生的学习兴致，增进他们参与教学的积极性，就要从根本上搞清楚他们的情感特征、思维方式和成长的实际需求。"95后"大学生是伴随互联网而成长的一代（"网生代"），他们对各种网络终端有着天然的依赖性，网络似乎成了他们与外界联系和交流的唯一方式，故又有"数字原住民"之称。观看直播的用户以年轻人居多，这无疑为网络直播互动教学的开展奠定了坚实的受众基础。鉴于此，思想政治课进行网络直播互动教学真可谓顺乎潮流、恰逢其时。依托网络直播互动教学平台，直播教师将马克思主义理论、社会主义核心价值观以及党的理论政策进行设计包装，通过具有吸引力的议题、感染力的话语、感召力的形象把主流文化传递给受众学生，而学生则依靠直播互动将问题和困惑反馈给教师，再由教师实时回应学生、解疑释惑。如此循环往复，既拉近了师生之间日渐疏远的情感，又让学生真正感受"理论"科技"带来的乐趣，激发他们参与思想政治课教学的兴致。

（二）思想政治课直播互动教学的基本原则

当前网络直播之所以五花八门、乱象丛生、非议不断，在很大程度上是因为缺少必要的法律法规进行有效的监督管理。为提高网络直播互动教学的实效性，我们认为思想政治课进行网络直播应遵循以受众学生为中心、以直播教师为主导、与指定教材相一致的原则。

1.以受众学生为中心

以受众学生为中心，就是说思想政治课进行网络直播互动教学应凸显受众学生的主人翁地位，在直播内容设置和编排形式上需充分考虑大学生的个性特征。因为网络直播互动教学不同于传统的课堂教学，它没有固定的教学场所以及教师在场的纪律约束，如果不符合大学生的审美取向就很难引起他们点击、收看、互动的兴致。在直播内容的制作上，除了彰显马克思主义及其中国化成果的核心要义和理论特色，还要在编排形式上契合大学生的思维习惯，贴近大学生的认知方式，考虑他们的审美取向。而且大学生正值韶华，他们在知识技能学习时，还会遇到生活、情感等方面的困惑和疑虑。这就要求思想政治课教师不仅是理论知识的传授者、科学信仰的培育者、高尚情操的塑造者，还要在直播互动教学过程中关注他们生活上、情感上，乃至灵魂深处的问题，进而将思想政治课的理论转化为大学生终身受益的科学理论。因此，在思想政治课进行网络直播互动教学过程中，教师必须牢牢树立以受众学生为中心的原则，构建自由、平等的双向交互的网络直播互动教学体系，让受众学生真正感到被重视、被关爱、被理解，有存在感。学生在教学过程中存在感倍增，对于消除师生之间的交流障碍有莫大的帮助。

2. 以直播教师为主导

利用互联网技术与通信终端平台对思想政治课进行网络直播开发，是数字化时代思想政治课教学创新的必由之路，却对思想政治课教师教学胜任力提出更高的要求。这是因为，教师不仅是网络直播互动教学者，还是网络直播体系的创设者和维护者。在思想政治课搭建网络直播平台时，应充分重视和发挥教师的主观能动性和个性化创造，由其创设直播平台、选择直播方式、制定直播原则、拟定直播内容。换句话说，教师在网络直播互动教学中需明确自身的主导地位，在吃透教材主旨精神、核心义理、教学目标的基础上，根据大学生成长的实际需要创设不同层次、不同类型的网络直播情境，激发大学生参与思想政治课教学的积极性。强调网络直播互动教学中教师的主导性作用，只为能以教师的全面、权威、深度的解读和导引，在如潮的思想海洋中为学生萃取最闪亮的浪花，充当他们探察人生的"望远镜"和读懂社会的"显微镜"。

3. 与指定教材相一致

作为大学生公共基础必修课，思想政治课有着系统的教学大纲和课程安排，其中主干课程目前共有 4 种。创设和开展思想政治课网络直播互动教学，必须紧扣教育部指定的"马克思主义理论研究和建设工程重点教材"（简称"马工程"），通过直播互动教学来印证马克思主义理论及其中国化成果的科学性和先进性。思想政治课教师切不可为"走红"，为当"网络红人"，故意吸引学生的眼球，博得学生的点击、收看、互动和打赏而歪曲教材精神，恣意创设直播情境。这里不是说直播教师就不能"圈粉"当"网红"，而是说直播互动教学必须与"马工程"教材的主旨、内容、任务、精神和目标相一致。这种一致性要求教师在创设网络直播互动教学时，务必找准思想政治课与互联网技术以及网络终端平台的有效接榫点，否则就有可能偏离社会主义主流文化和核心价值观，从而迷失网络直播互动教学的方向，更加危险的是，让大学生陷入思想泥沼而难以自拔。

（三）思想政治课直播互动教学的应用策略分析

思想政治课直播互动教学的应用目的，简言之就是顺应数字化时代潮流和大学生的思维方式，将网络直播嵌入思想政治课教学中以创设直播情境、开展直播互动教学、提高教学效果。就思想政治课构建网络直播互动教学的具体思路而言，主要包括明确直播互动教学目标、采集直播互动教学资源、挖掘教材优质内容、开展在线直播互动教学等。

1. 明确直播互动教学目标

明确教学目标，既是开展思想政治课教学的基本前提，也是进行网络直播互动教学的必要环节。自中宣部、教育部"05"方案实施以来，随着时代的变迁和社会的发展，教育部思想政治工作司定期组织思想政治教育界和理论界的专家学者就教材内容体例展开研讨、进行修订，以确保教材内容的与时俱进性和现实指导性。这里以"马工程"指定教材为例进一步作更为直观的说明。高等教育出版社近年来相继发行 2010 年版、2013 年版和 2015 年版，而且这种修订工作还会持续推进。因此在开展网络直播互动教学时，必须紧扣教材内容、领会教材精神、把握理论动态，在结合学生成长的实际需要的基础上，将其关注的重点、难点和热点问题融入直播互动教学中，并进行实时在线解答。在具体操作上，就是以学生的关注点为切入视角，把教材的重点、学生的难点、理论的热点和学生的需要作为网络直播互动教学的主要内容，从根本上促进思想政治课的教学实效性。

2. 采集直播互动教学资源

随着互联网技术的迅猛发展，一些传统的教学资源也实现了网络数字化，这无疑为思想政治课提供了取之不尽的网络信息资源。就目前而言，思想政治课网络直播互动教学的资源包括三种类型：课内与课外资源，线上与线下资源，理论与实践资源。采集和利用相关教学资源，创设网络直播互动教学情境，引领学生认识近代中国人的道路探索，马克思主义理论传播的历史必然性以及传统中国现代转型的苦难历程、也是对这些教学资源的传承与保护。然而面对海量的教学资源，传统的社会科学研究方法难免有些力不从心，而近年来应用广泛的大数据采集和分析工具则能呈现超长时段、超大规模的资源信息。例如，利用大数据获取高校论坛、青年网站以及其他主流网站中以"社会主义核心价值观"为关键词的提及率和搜索量，可以深度探察潜藏在海量资源背后的规律与特征，从而科学判断大学生对相关教学资源的关注度，为网络直播互动教学的资源选择提供现实依据。

3. 挖掘教材优质内容

网络直播之所以"吸粉"无数，无疑与直播画面的新颖性、直播形式的多样化、直播互动的便捷性密切相关。但是一味地迎合受众群体的猎奇、窥私的心理，直播内容易于导致同质化倾向，也缺乏发展的可持续性。因此，网络直播的可持续发展，离不开优质直播内容的强劲支撑。从长远计，直播平台的核心竞争力仍要回归内容本身，优质内容也将成为平台支撑和"吸粉"的重要因素。在内容决定直播平台未来格局的前提下，思想政治课直播教师必须高度重视直播的内容，挖掘更多优质的直播资源以增强直播议题吸引力、强化直播视觉冲击力、深化直播话语感染力、加强直播推送辐射力，方能把青年学生从游戏直播、娱乐直播、体育直播和生活直播中吸引过来。基于网络直播的自身特征和发展趋势，直播教师必须充分掌握马克思主义理论及其中国化成果的主旨要义，将优质教学内容挖掘出来作为教学重点进行深度解析，让学生熟谙思想政治课的核心义理。还要指出的是，在挖掘优质内容传播积极向上的正能量的同时，思想政治课直播教师也要更加注重直播内容的鲜活、生动和丰富。

4. 开展在线直播互动教学

在明确教学目标、采集教学资源、挖掘优质内容的基础上，教师需要进一步确立自己的在线直播互动教学生长点，开展蕴含思想政治课自身特色的创生性直播。具体地说，就是教师通过网络直播的方式对理论知识以及学生关注的现实问题进行解读和评判，借助网络空间把马克思主义理论完满精辟地呈现给在线学生。鉴于近年来网络直播乱象的分析推断，网络直播互动教学最可能出现的一种偏差就是部分教师过于追求华丽、新颖的教学风格和泛娱乐化的教学形式，而忽视了马克思主义理论及其中国化成果的精准解读、深度评析和有效宣讲。因此在直播互动教学中，教师必须牢牢把握"网络直播只是一种教学方式和工具"这根红线，理论知识的精准剖析，主流文化的有效宣扬，独立见解的合理表达才是在线直播互动教学的灵魂与核心。此外，面对错综复杂、异彩纷呈、乱象丛生的网络虚拟世界，教师不能放任学生在直播平台上迷失自我，而要动态监测管控在线直播进程，将直播互动教学导向预期的教学目标。

作为一种改革探索，网络直播互动教学旨在提高思想政治课教学质量和教学实效。思想政治课网络直播互动教学虽不能完全替代课堂理论教学和实践教学活动，但它却极大地拓宽了思想政治课的教学途径，丰富了大学生学习思想政治课的时空场域，进而实现优质思想政治课教学资源共享。最后需要指出的是，思想政治课进行网络直播互动教学不是为标新立异以赚取噱头，也不是对传统教育理念、教学模式的简单替换，更不是胡乱篡改教材精神及内容来迎合学生，而是基于"互联网+"的时代特征，对思想政治课教学改革的认真探索和发掘。

参考文献 ————————————————————————

[1] 王石径. 新时代高校思想政治教育的创新理路与关键问题 [M]. 武汉：华中师范大学出版社，2021.

[2] 郭强. 新时代背景下高校思想政治教育的优化与创新路径探究 [M]. 北京：九州出版社，2021.

[3] 程贵林，张海丽. 高校思想政治理论课改革与创新 [M]. 北京：中国财富出版社，2021.

[4] 钟家全. 互联网与新时代高校思想政治教育队伍建设 [M]. 成都：西南交通大学出版社，2021.

[5] 朱喆，范余波. 新时代统一战线助推高校思想政治教育发展的三维阐述 [J]. 湖北省社会主义学院学报，2022（3）：57-64，2.

[6] 王琴. 高校思想政治教育共同体构建研究 [D]. 贵州：贵州师范大学，2022.

[7] 戴维书，邬红丽. 新时代高校思想政治教育的改革与创新研究——评《当代思想政治教育方法论发展研究》[J]. 科技管理研究，2022，42（7）：246.

[8] 原博婷. 新时代高校党建与思想政治教育协同发展研究 [J]. 活力，2022（6）：64-66.

[9] 王湘云. 新时代高校党建与思想政治教育协同发展研究 [J]. 晋中学院学报，2021，38（6）：1-6.

[10] 李奕安. 新时代高校思想政治教育的创新发展研究 [J]. 时代报告，2021（11）：26-27.

[11] 陶乐. 新时代背景下高校思想政治教育发展与创新思考——评《新时代背景下高校思想政治教育创新发展研究》[J]. 热带作物学报，2021，42（10）：3096.

[12] 申莉. 新时代高校思想政治教育与学生党建工作协同发展研究 [J]. 新课程研究，2021（27）：13-15.

[13] 李玫，何盼盼. 新时代高校党建与思想政治教育工作的协同发展研究 [J]. 决策探索（下），2021（8）：48-49.

[14] 李志军. 新时代背景下高校思想政治教育发展的着力点及未来趋势——评《当代思想政治教育若干前沿论域》[J]. 科技管理研究，2021，41（13）：225.

[15] 魏莹. 新时代高校思想政治教育数据驱动研究 [D]. 西安：电子科技大学，2021.

[16] 齐勤 . 新时代国家治理体系中的高校思想政治教育发展策略研究 [D]. 南京：东南大学，2021.

[17] 徐雅婕 . 新时代高校学生思想政治教育与党建工作协同发展研究 [J]. 长江丛刊，2020（36）：160，164.

[18] 罗光晔 . 新时代高校思想政治教育与国防教育融合发展研究 [J]. 江苏建筑职业技术学院学报，2020，20（4）：88-90，97.

[19] 王国栋 . 新时代高校学生思想政治教育与党建工作的协调发展研究 [J]. 大学，2020（32）：78-79.

[20] 刘鑫 . 新时代高校思想政治教育发展研究 [D]. 延边：延边大学，2020.

[21] 黄必忠，甘菁菁 . 新时代高校思想政治教育工作创新发展研究 [J]. 智库时代，2020（4）：114-115.

[22] 高凯 . 新时代高校思想政治教育发展方向 [J]. 教育观察，2019，8（39）：17-19.

[23] 屈桃 . 新时代高校思想政治教育亲和力提升研究 [D]. 西安：陕西师范大学，2019.

[24] 薛丹 . 新时代高校网络思想政治教育的发展研究 [J]. 青年与社会，2019（26）：176-177.

[25] 王云霞 . 新时代高校网络思想政治教育发展问题研究 [D]. 南京：南京工业大学，2019.

[26] 张若石 . 新时代高校思想政治教育话语影响力研究 [D]. 成都：西南石油大学，2019.

[27] 骆小丽 . 大数据时代高校思想政治教育模式创新研究 [D]. 赣州：江西理工大学，2019.

[28] 罗晶月 . 新时代高校思想政治教育创新发展研究 [J]. 世纪桥，2019（1）：79-80.

[29] 燕倩 . 新时代定位下高校思想政治教育发展研究 [J]. 科教文汇（中旬刊），2018（9）：10-11.